Paolo Curtaz

LA PREGHIERA

Nella vita cristiana

SAN PAOLO

Serie: INTRODUZIONE ALLA FEDE
Ideazione e progettazione: Vincenzo Santarcangelo
Editing: Giuseppe Occhipinti

Distribuzione: Diffusione San Paolo s.r.l.
Corso Regina Margherita, 2 - 10153 Torino

Progetto grafico: Ink Graphics Communication, Milano

Supplemento a Famiglia Cristiana di questa settimana
Direttore responsabile: Antonio Sciortino
Settimanale registrato presso il Tribunale di Alba il 7/9/1949 n. 5
P.I. SPA - S.A.P. - D.L. 353/2003 L. 27/02/04 N. 46 - a.1 c.1 CB/CN

ISBN 978-88-215-7685-0

INTRODUZIONE

La fede, professata nel Credo,
celebrata nella liturgia e nei sacramenti,
vissuta alla luce dei comandamenti e del Vangelo,
richiede una relazione personale con Dio.
Tale relazione è la preghiera di cui si occupa
la quarta parte del Compendio: «La preghiera cristiana».

IN INTIMITÀ COL SIGNORE

Credere significa anzitutto fare esperienza del Dio di Gesù, non conoscere delle formule di fede o essere edotti in una dottrina, ma diventare discepoli del Signore, il solo che ci può parlare in pienezza di Dio e condurci a lui. Forse anche noi, come gli apostoli, siamo rimasti affascinati dalla predicazione del Maestro che giunge a noi attraverso la Scrittura e la testimonianza appassionata e credibile di alcuni cristiani che abbiamo incontrato nel nostro percorso di vita.

Così, mettendoci alla scuola della Chiesa, abbiamo conosciuto e amato il Signore e deciso di diventare o di ri-diventare suoi discepoli con verità e gioia.

In questo percorso ci sono alcuni punti essenziali che ogni cercatore di Dio affronta: in chi credere (nel Dio di Gesù), in cosa credere (il contenuto della fede), come incontrare Dio (la liturgia e i sacramenti), come cambia la nostra vita dopo l'incontro (la vita morale), come restare in comunione e in contatto col Signore (la preghiera personale).

La fede come esperienza di Dio

La fede ha una dimensione comunitaria, pubblica, sociale, culturale ma, alla fine dei conti, è sempre l'aspetto personale quello che fa la differenza. Posso essere cristiano perché i miei genitori mi hanno iniziato alla vita sacramentale, perché mi hanno insegnato questa religione ma, a un certo punto, avverto l'esigenza di prendere in mano la mia fede, di scegliere se continuare ad essere cristiano o meno.

Ed è proprio la vita di preghiera, la meditazione del Vangelo, la riflessione che mi permette di accedere alla verità.

Fino a quando la fede resta un'appartenenza esteriore, legittima e utile, certo, ma sempre e solo superficiale, e non incide la carne nel vivo, non faccio piena esperienza di Dio.

Per molte persone la fede è «solo» un evento sociale, ci si accontenta di seguire le principali indicazioni del Vangelo e della Chiesa e di osservare, al minimo, i precetti del cristiano. Ma per fare un salto di qualità, per diventare veramente discepoli, occorre introdursi alla preghiera personale.

La preghiera, però, non gode di grande fama nella cultura occidentale, essendo percepita, quasi sempre, come una formula simil-magica che dovrebbe riuscire a farci ottenere ciò che desideriamo.

«Pregare», nel linguaggio comune, è addirittura diventato sinonimo di «chiedere».

In realtà non è così: la preghiera esprime la nostra relazione con Dio, per mezzo di Gesù, nello Spirito.

L'incontro con Dio accende in noi una nuova sensibilità,

come chi apre le ali per spiccare il volo, spalanca un modo diverso di vedere la realtà e attiva una profonda disponibilità che deriva dall'anima.

La preghiera, allora, non si riduce a chiedere, ma anche a lodare, contemplare, intercedere... La preghiera diventa il modo di tenersi in contatto con Dio ma anche di restare in unione con noi stessi: è nel profondo di noi stessi che sperimentiamo la presenza dell'Assoluto.

Le obiezioni che nascono quando si parla di preghiera, *non ho tempo da dedicarle o non serve a molto, meglio agire per cambiare il mondo*, svaniscono allorché ci poniamo nella giusta prospettiva.

Abbiamo il tempo di respirare? E di mangiare? Come possiamo vivere la vita spirituale se non la nutriamo con il cibo quotidiano della Parola di Dio? E, certo, la preghiera non «serve» se ciò significa sostituirla all'azione. Ma azione e contemplazione sono i due binari su cui corre la nostra vita, il pensiero e la meditazione sfociano nella concretezza e le azioni e le scelte sono interpretate in un'ottica più ampia, conosciuta grazie alla frequentazione interiore del Signore.

Spesso chi guarda con svogliatezza alla preghiera o accampa mille scuse per non praticarla non ha ancora avuto modo di scoprirne la bellezza. Pregare con passione significa spalancare il cuore a una visione diversa della vita, trovare nel silenzio e nella meditazione uno spazio inatteso.

La preghiera nella vita di Gesù

Il discepolo che legge con attenzione il Vangelo nota con ammirazione la vita di preghiera di Gesù. Gli evangelisti, Luca in particolare, descrivono, affascinati, l'intensa vita di preghiera del Maestro.

Come tutti, Gesù partecipa all'assemblea nella sinagoga e pronuncia le formule rituali previste per ogni pio israelita. Ma è la sua vita di preghiera personale che colpisce e affascina i discepoli: Gesù si apparta in luoghi deserti per lungo tempo, togliendo ore al sonno, pur di stare in colloquio intimo col Padre. Ed è la preghiera il segreto della sua vita attiva, del suo desiderio di annuncio del Regno, della sua tenace determinazione nell'affrontare la prova. Per questa ragione i discepoli gli chiedono con forza di insegnar loro a pregare, così come il Battista ha insegnato a pregare ai suoi discepoli.

È così per noi anche oggi: solo imparando a pregare possiamo rintracciare la presenza di Dio nelle nostre giornate, solo dimorando in lui riusciamo a conservare la fede e a renderla efficace per la nostra vita. In un mondo frammentato in cui l'interiorità, prima ancora che la fede, è messa in discussione e mortificata, presi come siamo a sbarcare il lunario, costretti a cedere a ritmi di lavoro forsennati, è difficile conservare la fede e, con essa, la serenità.

La sola partecipazione festiva all'Eucaristia rischia di non essere sufficiente a mantenere viva in noi la fiamma della fede: ci è necessaria l'abitudine alla preghiera quotidiana, alla meditazione settimanale, all'incontro prolungato, nel silenzio, col Signore.

Certo, non siamo monaci di clausura e viviamo nel mondo, ma chi fa esperienza di preghiera, e sa che a volte occorre molta determinazione per trovare il tempo e lo spazio mentale per accedervi, ci testimonia il cambiamento della qualità della sua vita. Dedicare anche solo dieci minuti al giorno (su 1440 che lo compongono, meno dell'1%!) ci permette di fissare la meta, di orientare la vita, di capire quanto ci sta succedendo.

È bello, allora, che il *Catechismo della Chiesa Cattolica* dedichi una parte della sua ampia e autorevole riflessione proprio al tema della preghiera personale.

LA QUARTA PARTE DEL COMPENDIO

Nelle nostre precedenti pubblicazioni abbiamo introdotto e approfondito le prime tre parti del *Compendio* del *Catechismo della Chiesa Cattolica*.

Il *Compendio* si presenta come un riassunto del *Catechismo*, strumento richiesto dai vescovi a papa Giovanni Paolo II durante il Sinodo del 1985 e pubblicato nel 1992, come *testo di riferimento* per una catechesi rinnovata alle vive sorgenti della fede. Come ebbe a ribadire Giovanni Paolo II, il *Catechismo* intende «porsi come esposizione completa e integra della dottrina cattolica, che consente a tutti di conoscere ciò che la Chiesa stessa professa, celebra, vive, prega nella sua vita quotidiana»[1].

Testo agile e adatto per la consultazione, scritto in forma di domanda e risposta per facilitarne la memorizzazione, il *Compendio* si articola in quattro parti: il Credo, i Sacramenti, la Vita in Cristo e la Preghiera cristiana.

Nelle precedenti riflessioni abbiamo fissato la nostra attenzione anzitutto sul contenuto della fede: in chi, in cosa crede il cristiano? Partendo dalle sintesi che sono le professioni di

[1] Giovanni Paolo II, Lettera apostolica *Laetamur magnopere*, 15 agosto 1997.

fede usate durante le celebrazioni abbiamo provato a elencare le verità che costituiscono la nostra fede. Dio è ed è presente, ed è un mistero d'amore: un Padre che ama un Figlio e questo amore è lo Spirito Santo. A sua immagine siamo stati creati per un destino di pienezza e di luce e alla Chiesa è affidata la missione di annunciare il vero volto di Dio svelatoci da Gesù.

Abbiamo poi riflettuto sul ruolo della liturgia e dei sacramenti nella comunità dei credenti. Nella liturgia la Chiesa celebra la propria fede e nei sacramenti, segni efficaci della presenza del Signore, rende accessibile e presente Gesù. I sacramenti, che accompagnano la nostra vita, ci permettono di accedere al mistero di Dio che abita e accompagna le nostre scelte verso la pienezza. La Chiesa celebra insieme a Cristo la grande lode al Padre e questa liturgia comune orienta il nostro cammino e ci apre alla speranza futura.

Questa fede creduta e celebrata cambia la concretezza della nostra vita, ci apre alle scelte che derivano dal discepolato, alla vita nuova in Cristo, la vita buona del Vangelo. Credere e conoscere Dio cambia la nostra prospettiva, ci fa diventare uomini nuovi: ci fidiamo del Signore Gesù, imitiamo le sue scelte, prendiamo le Beatitudini come bussola per i nostri giudizi e il comandamento dell'amore come criterio di giudizio. Abbiamo ripercorso le «parole» che Dio dona al popolo di Israele rilette nell'ottica evangelica per scoprire il segreto della felicità che Dio ci rivela...

Nell'ultima parte vogliamo ora concentrarci sul ruolo della preghiera personale nella vita del discepolo cristiano, del rapporto di intimità che il cristiano è chiamato a instaurare con Dio. Il cristiano crede nel Dio di Gesù, lo incontra nella liturgia e nei sacramenti, lo segue con uno stile di vita confacente alla novità del Vangelo e lo frequenta nell'intimo con la preghiera personale.

La quarta parte del *Compendio*, intitolata *La preghiera cristiana*, è divisa in due sezioni.

La prima, *La preghiera nella vita cristiana*, è suddivisa a sua volta in tre capitoli: *La rivelazione della preghiera, La tradizione della preghiera* e *La vita di preghiera*. Nel primo capitolo viene descritto lo sviluppo della preghiera nell'Antico Testamento, e vengono sottolineate alcune peculiarità dei personaggi principali proprio in merito al loro rapporto personale con Dio (Abramo, Mosè, Davide e il tempio, i profeti...) per mostrare, in seguito, lo specifico apporto di Gesù e l'evoluzione che la preghiera ha avuto nella Chiesa.

Come sempre, la Chiesa attinge alla Tradizione: la Rivelazione si compie nella Scrittura interpretata all'interno della comunità cristiana. Vengono poi sviluppate alcune riflessioni nel secondo capitolo: le sorgenti della preghiera, il suo cammino e i santi, guide che ci insegnano a pregare.

Nel terzo capitolo, infine, il *Compendio* riflette sulle diverse tipologie di preghiera e sulle difficoltà che si incontrano nel pregare.

La seconda sezione, *La preghiera del Padre Nostro*, è interamente dedicata all'introduzione e alla spiegazione dell'unica preghiera che il Signore ci ha lasciato, la preghiera, appunto, del *Padre Nostro*.

PERCORSI DI LETTURA

Ci siamo introdotti alla quarta
e ultima parte del Compendio,
quella che riguarda la preghiera del discepolo.
Ecco ora dei percorsi di lettura
e di approfondimento a partire dal testo.
Possono essere utilizzati personalmente
o come traccia per incontri di gruppo.

I. La preghiera nell'Antico Testamento

536. In che cosa Abramo è un modello di preghiera?

Abramo è un modello di preghiera perché cammina alla presenza di Dio, lo ascolta e gli obbedisce. La sua preghiera è un combattimento della fede perché egli continua a credere nella fedeltà di Dio anche nei momenti della prova. Inoltre, dopo aver ricevuto nella propria tenda la visita del Signore che gli confida il proprio disegno, Abramo osa intercedere per i peccatori con audace confidenza.

537. Come pregava Mosè?

La preghiera di Mosè è tipica della preghiera contemplativa: Dio, che chiama Mosè dal Roveto ardente, s'intrattiene spesso e a lungo con lui «faccia a faccia, come un uomo con il suo amico» (Es 33,11). Da questa intimità con Dio, Mosè attinge la forza per intercedere con tenacia a favore del popolo: la sua preghiera prefigura così l'intercessione dell'unico mediatore, Cristo Gesù.

538. Quali rapporti hanno nell'Antico Testamento il tempio e il re con la preghiera?

All'ombra della dimora di Dio – l'Arca dell'Alleanza, poi il tempio – si sviluppa la preghiera del Popolo di Dio sotto la guida dei suoi pastori. Fra loro, Davide è il re «secondo il cuore di Dio», il pastore che prega per il suo popolo. La sua preghiera è un modello per la preghiera del popolo, poiché è adesione alla promessa divina e fiducia, colma d'amore, in Colui che è il solo Re e Signore.

539. Qual è il ruolo della preghiera nella missione dei profeti?

I profeti attingono dalla preghiera luce e forza per esortare il popolo alla fede e alla conversione del cuore. Entrano in una grande intimità con Dio e intercedono per i fratelli, ai quali annunciano quanto hanno visto e udito dal Signore. Elia è il padre dei profeti, di coloro cioè che cercano il Volto di Dio. Sul Monte Carmelo egli ottiene il ritorno del popolo alla fede grazie all'intervento di Dio, da lui supplicato così: «Rispondimi, Signore, rispondimi!» (1Re 18,37).

540. Qual è l'importanza dei Salmi nella preghiera?

I Salmi sono il vertice della preghiera nell'Antico Testamento: la Parola di Dio diventa preghiera dell'uomo. Inseparabilmente personale e comunitaria, questa preghiera, ispirata dallo Spirito Santo, canta le meraviglie di Dio nella creazione e nella storia della salvezza. Cristo ha pregato i Salmi e li ha portati a compimento. Per questo essi rimangono un elemento essenziale e permanente della preghiera della Chiesa, adatti agli uomini di ogni condizione e di ogni tempo.

❖ *Leggi anche: n. 535.*

2. Gesù, Maestro di preghiera

541. Da chi Gesù ha imparato a pregare?

Gesù, secondo il suo cuore di uomo, ha imparato a pregare da sua Madre e dalla tradizione ebraica. Ma la sua preghiera sgorga da una sorgente più segreta, poiché è il Figlio eterno di Dio che, nella sua santa umanità, rivolge a suo Padre la preghiera filiale perfetta.

542. Quando pregava Gesù?

Il Vangelo mostra spesso Gesù in preghiera. Lo vediamo ritirarsi in solitudine, anche la notte. Prega prima dei momenti decisivi della sua missione o di quella degli Apostoli. Di fatto, tutta la sua vita è preghiera, poiché è in costante comunione d'amore con il Padre.

543. Come ha pregato Gesù nella sua passione?

La preghiera di Gesù durante la sua agonia nell'Orto del Getsemani e le sue ultime parole sulla Croce rivelano la profondità della sua preghiera filiale: Gesù porta a compimento il disegno d'amore del Padre e prende su di sé tutte le angosce dell'umanità, tutte le domande e le intercessioni della storia della salvezza. Egli le presenta al Padre che le accoglie e le esaudisce, al di là di ogni speranza, risuscitandolo dai morti.

544. Come Gesù ci insegna a pregare?

Gesù ci insegna a pregare, non solo con la preghiera del *Padre Nostro*, ma anche quando prega. In questo modo, oltre al contenuto, ci mostra le disposizioni richieste per una vera preghiera: la purezza del cuore, che cerca il Regno e perdona i nemici; la fiducia audace e filiale, che va al di là di ciò che sentiamo e comprendiamo; la vigilanza, che protegge il discepolo dalla tentazione.

❖ *Leggi anche: nn. 546; 547.*

3. Le forme di preghiera

551. Che cos'è la Benedizione?
La Benedizione è la risposta dell'uomo ai doni di Dio: noi benediciamo l'Onnipotente che per primo ci benedice e ci colma dei suoi doni.

552. Come si può definire l'adorazione?
L'adorazione è la prosternazione dell'uomo, che si riconosce creatura davanti al suo Creatore tre volte santo.

553. Quali sono le diverse forme della preghiera di domanda?
Può essere una domanda di perdono o anche una richiesta umile e fiduciosa per tutti i nostri bisogni sia spirituali che materiali. Ma la prima realtà da desiderare è l'avvento del Regno.

554. In cosa consiste l'intercessione?
L'intercessione consiste nel chiedere in favore di un altro. Essa ci conforma e ci unisce alla preghiera di Gesù, che intercede presso il Padre per tutti gli uomini, in particolare per i peccatori. L'intercessione deve estendersi anche ai nemici.

555. Quando si rende a Dio l'azione di grazie?
La Chiesa rende grazie a Dio incessantemente, soprattutto celebrando l'Eucaristia, in cui Cristo la fa partecipare alla sua azione di grazie al Padre. Ogni avvenimento diventa per il cristiano motivo d'azione di grazie.

556. Che cos'è la preghiera di lode?
La lode è la forma di preghiera che più immediatamente riconosce che Dio è Dio. È completamente disinteressata: canta Dio per se stesso e gli rende gloria perché egli è.

❖ *Leggi anche: nn. 562; 563; 564-566.*

4. Le espressioni

568. Quali sono le espressioni della vita di preghiera?
La tradizione cristiana ha conservato tre modi per esprimere e vivere la preghiera: la preghiera vocale, la meditazione e la preghiera contemplativa. Il loro tratto comune è il raccoglimento del cuore.

569. Come si caratterizza la preghiera vocale?
La preghiera vocale associa il corpo alla preghiera interiore del cuore. Anche la più interiore delle preghiere non potrebbe fare a meno della preghiera vocale. In ogni caso essa deve sempre sgorgare da una fede personale. Con il *Padre Nostro* Gesù ci ha insegnato una formula perfetta di preghiera vocale.

570. Che cos'è la meditazione?
La meditazione è una riflessione orante, che parte soprattutto dalla Parola di Dio nella Bibbia. Mette in azione l'intelligenza, l'immaginazione, l'emozione, il desiderio, per approfondire la nostra fede, convertire il nostro cuore e fortificare la nostra volontà di seguire Cristo. È una tappa preliminare verso l'unione d'amore con il Signore.

571. Che cos'è la preghiera contemplativa?
La preghiera contemplativa è un semplice sguardo su Dio nel silenzio e nell'amore. E un dono di Dio, un momento di fede pura, durante il quale l'orante cerca Cristo, si rimette alla volontà amorosa del Padre e raccoglie il suo essere sotto l'azione dello Spirito. Santa Teresa d'Avila la definisce un intimo rapporto di amicizia, «nel quale ci si intrattiene spesso da solo a solo con Dio da cui ci si sa amati».

❖ *Leggi anche: n. 567.*

5. Le difficoltà

572. Perché la preghiera è un combattimento?
La preghiera è un dono della grazia, ma presuppone sempre una risposta decisa da parte nostra, perché colui che prega combatte contro se stesso, l'ambiente, e soprattutto contro il Tentatore, che fa di tutto per distoglierlo dalla preghiera. Il combattimento della preghiera è inseparabile dal progresso

della vita spirituale. Si prega come si vive, perché si vive come si prega.

573. Ci sono obiezioni alla preghiera?

Oltre a concezioni erronee, molti pensano di non avere il tempo di pregare o che sia inutile pregare. Coloro che pregano possono scoraggiarsi di fronte alle difficoltà e agli apparenti insuccessi. Per vincere questi ostacoli sono necessarie l'umiltà, la fiducia e la perseveranza.

574. Quali sono le difficoltà della preghiera?

La *distrazione* è la difficoltà abituale della nostra preghiera. Essa distoglie dall'attenzione a Dio, e può anche rivelare ciò a cui siamo attaccati. Il nostro cuore allora deve tornare umilmente al Signore. La preghiera è spesso insidiata dall'*aridità*, il cui superamento permette nella fede di aderire al Signore anche senza una consolazione sensibile. L'*accidia* è una forma di pigrizia spirituale dovuta al rilassamento della vigilanza e alla mancata custodia del cuore.

❖ *Leggi anche: nn. 575-577.*

APPROFONDIMENTI

Dedichiamo ora ampio spazio
ad approfondire e spiegare
alcune delle affermazioni del Compendio.

ALLA SCUOLA DEL MAESTRO

La preghiera cristiana

534. Che cos'è la preghiera?
La preghiera è l'elevazione dell'anima a Dio o la domanda a Dio di beni conformi alla sua volontà. Essa è sempre dono di Dio che viene a incontrare l'uomo. La preghiera cristiana è relazione personale e viva dei figli di Dio con il loro Padre infinitamente buono, con il Figlio suo Gesù Cristo e con lo Spirito Santo che abita nel loro cuore.

Non è facile parlare della preghiera, tanto meno definirla! Come il silenzio e la meditazione, la preghiera si impara vivendola, esercitandola. Il *Compendio*, però, vuole essere stringente, prova a dare una definizione della preghiera ispirandosi alla tradizione cristiana. Così facendo descrive, più che definire, ma lascia ben intendere in cosa essa consista.

Riprendiamo i diversi aspetti della definizione:

Elevazione dell'anima a Dio: la preghiera ha a che fare con Dio, certo, e con noi, con la nostra parte più intima, l'anima.

Ciò significa che dobbiamo anzitutto accorgerci di avere un'anima e attivarla! Fa sorridere questa affermazione eppure, a volte, siamo drammaticamente lontani dal percepire l'anima che ci abita. Travolti dalle cose da fare, disabituati all'interiorità, già solo parlare di «anima», oggi, è faticoso.

Abbiamo un'anima che ci è donata direttamente da Dio e che ci permette di rientrare in noi stessi. Non coincide con l'inconscio e nemmeno con la capacità di autoanalisi, l'anima è la sede delle nostre emozioni e delle nostre scelte. L'anima, quando si innalza, quando cerca la propria origine, si rivolge a Dio e diventa preghiera.

Domanda a Dio di beni conformi alla sua volontà: la preghiera è anche richiesta, domanda di beni e di bene. Dicevamo più sopra che oggi la preghiera viene vista quasi solo come una serie di richieste da rivolgere a Dio che ci può esaudire. Certo, questo aspetto è presente nella preghiera ma bisogna chiarirsi: anzitutto la preghiera chiede i beni e il bene, non il male.

La preghiera non può chiedere a Dio cose malvagie. Inoltre è bene solo ciò che Dio sa essere il bene per ciascuno di noi. Molto spesso le nostre richieste non vengono esaudite perché, semplicemente, non sono il nostro bene.

Dono di Dio che viene a incontrare l'uomo: chi prega impara che la preghiera stessa è già un dono. L'anima la possiamo attivare e orientare (innalzare a Dio), ma Dio stesso, in un qualche modo, ci insegna a pregare, per poter stabilire una relazione con noi, un rapporto.

Relazione personale e viva dei figli di Dio: non formula impersonale e asettica, non richiesta su carta bollata, non abitudinaria reiterazione di formule. La preghiera cristiana ha a che fare con la nostra storia, con le nostre vicende quotidiane, con la relazione, con il rapporto interpersonale.

Noi crediamo che Dio si relazioni con gli uomini a uno a uno.

E la preghiera è rivolta a Dio come un figlio si rivolge a un padre. Quante volte Gesù insiste su questo aspetto! A volte Dio non ci ascolta perché sbagliamo indirizzo, rivolgiamo la nostra preghiera a un despota, non a un Padre che ci conosce e sa quello che vogliono i suoi figli…

Padre infinitamente buono, con il Figlio suo Gesù Cristo e con lo Spirito Santo: la nostra vita è coinvolta nella preghiera e si rivolge al Dio comunione svelato dal Maestro: è lui che ci insegna a rapportarci con la Trinità. Nel nome del Figlio ci rivolgiamo al Padre e lo Spirito Santo formula in noi le parole da dire, le richieste da fare.

Gesù e la preghiera

541. Da chi Gesù ha imparato a pregare?
Gesù, secondo il suo cuore di uomo, ha imparato a pregare da sua Madre e dalla tradizione ebraica. Ma la sua preghiera sgorga da una sorgente più segreta, poiché è il Figlio eterno di Dio che, nella sua santa umanità, rivolge a suo Padre la preghiera filiale perfetta.

Per imparare a pregare ci rivolgiamo a Gesù. È lui che ci introduce a un modo nuovo di pregare, all'intimità col Padre, è lui che vogliamo osservare per capire in che modo diventare capaci di una preghiera che possa cambiare la nostra vita.

È bello pensare che Gesù abbia imparato a pregare da sua Madre, da Maria. È vero: i nostri primi insegnanti di vita, anche interiore, sono i nostri genitori. Mette i brividi pensare che Gesù, figlio di Dio, abbia imparato a pregare.

Eppure... l'incarnazione ci spinge a questa riflessione: anche Gesù, come ogni buon ebreo, respirava in casa i rudimenti della fede e della spiritualità quando si preparavano per la festa e Maria, la donna di casa, accendeva le candele dello *shabbat* o quando Giuseppe lo benediva... o quando, insieme, celebravano *Pesah*, la Pasqua.

Anche noi, oggi, da bambini, impariamo a pregare anzitutto guardando gli adulti di riferimento, cercando di capire come loro per primi vivono la loro interiorità. Il modo migliore per insegnare a pregare ai nostri figli è pregare noi per primi!

Ma la preghiera di Gesù travalica quanto imparato dai genitori, si apre a una prospettiva diversa, che contagia tutta la sua vita. Questo atteggiamento stupisce e affascina gli apostoli: il modo che Gesù ha di pregare è diverso da quello che essi stessi hanno imparato dalla tradizione culturale di casa.

542. Quando pregava Gesù?
Il Vangelo mostra spesso Gesù in preghiera. Lo vediamo ritirarsi in solitudine, anche la notte. Prega prima dei momenti decisivi della sua missione o di quella degli Apostoli. Di fatto, tutta la sua vita è preghiera, poiché è in costante comunione d'amore con il Padre.

Gesù è in continua preghiera (cfr. Lc 5,16). I momenti più importanti della sua vita sono accompagnati dalla preghiera: Gesù prega al battesimo nel Giordano (Lc 3,21); prima di chiamare gli apostoli (Lc 6,12); prima della trasfigurazione (Lc 9,28). Prega per la fede di Pietro (Lc 22,31-32) e per l'invio dello Spirito Santo (Gv 14,15-17a; 15,26). Prega prima della risurrezione di Lazzaro (Gv 11,41) e al suo ingresso trionfale in Gerusalemme (Gv 12,27). Prega il Padre nell'Ultima Cena per la propria glorificazione (Gv 17,1-5); per i discepoli (Gv 17,6-19) e per tutti i credenti (Gv 17,20-26). Prega prima della sua passione (Lc 22,39.46) e, al momento della morte, prega per i suoi nemici (Lc 23,34).

La preghiera di Gesù è rivolta al Padre in un dialogo di obbedienza, che vivifica la sua missione: «Mio cibo è fare la volontà di colui che mi ha mandato e compiere la sua opera» (Gv 4,34). Questa intima comunione col Padre è sorgente di gioia e di lode: «Ti benedico, o Padre, Signore del cielo e della terra [...]. Tutto mi è stato dato dal Padre mio; nessuno conosce il Figlio se non il Padre, e nessuno conosce il Padre se non il Figlio e colui al quale il Figlio lo voglia rivelare» (Mt 11,25.27).

La preghiera al Padre è il respiro della sua esistenza terrena e la sua forza interiore. Il «segreto» della forza di Gesù è il suo legame intimo e quotidiano col Padre.

Perché siamo chiamati a pregare? Anzitutto perché, come discepoli, vogliamo imitare il Maestro in ogni cosa, anche nella preghiera. Non preghiamo per dovere e nemmeno per sentirci migliori, preghiamo perché Gesù ha intessuto la sua vita di preghiera. La preghiera diventa, anche per noi, lo spazio intimo in cui rileggere e orientare la nostra vita.

543. Come ha pregato Gesù nella sua passione?
La preghiera di Gesù durante la sua agonia nell'Orto del Getsemani e le sue ultime parole sulla Croce rivelano la profondità della sua preghiera filiale: Gesù porta a compimento il disegno d'amore del Padre e prende su di sé tutte le angosce dell'umanità, tutte le domande e le intercessioni della storia della salvezza. Egli le presenta al Padre che le accoglie e le esaudisce, al di là di ogni speranza, risuscitandolo dai morti.

Un aspetto che da sempre colpisce chi si avvicina alla fede cristiana è l'estrema coerenza di Gesù: anche nel momento più drammatico, nel Getsemani e sulla croce, Gesù si rivolge al Padre certo di essere esaudito, certo di essere ascoltato. Nel dolore la nostra fede è messa a dura prova: quanti, tra noi, nel momento della sofferenza dubitano della bontà di Dio! Gesù, invece, si affida a colui che lo può liberare dall'angoscia diventando, in quel momento, il rappresentante di ogni uomo che si rivolge a Dio in cerca di aiuto.

Anche sulla croce Gesù si rivolge al Padre, citando dei salmi: muore con la Parola di Dio sulle labbra perché a Dio affida la sua vita. Sarebbe bello che il momento della morte ci trovasse intenti a pregare il Dio che stiamo per incontrare…

> **544. Come Gesù ci insegna a pregare?**
> *Gesù ci insegna a pregare, non solo con la preghiera del* Padre Nostro, *ma anche quando prega. In questo modo, oltre al contenuto, ci mostra le disposizioni richieste per una vera preghiera: la purezza del cuore, che cerca il Regno e perdona i nemici; la fiducia audace e filiale, che va al di là di ciò che sentiamo e comprendiamo; la vigilanza, che protegge il discepolo dalla tentazione.*

Gesù, come vedremo, ci consegna la preghiera del *Padre Nostro*, sintesi del suo pensiero, tesoro prezioso che caratterizza il cristiano, rispondendo, così, all'esplicita richiesta dei suoi discepoli che gli chiedono di insegnar loro a pregare.

Ma non solo le parole che egli ci consegna ci insegnano a pregare: anche l'atteggiamento che caratterizza la vita del Maestro ci è di grande insegnamento.

Non si può pregare il Padre con un cuore torbido, pieno di secondi fini o chiedendo cose malvagie. Non possiamo pregare se la nostra vita è disinteressata alle cose di Dio, se ci rivolgiamo a lui solo in caso di necessità e non nella quotidianità, se non cerchiamo anzitutto il Regno, se chiediamo di essere perdonati senza essere disposti a perdonare.

È a un Padre che ci rivolgiamo, non a un despota potente e lunatico che cerchiamo di corrompere per avere un tornaconto. Non possiamo pregare se, ignorando i consigli del Signore, non restiamo vigili in attesa della sua venuta e ci lasciamo distrarre e assorbire dalle mille tentazioni che ci allontanano da lui.

La preghiera, quindi, diventa momento sorgivo e finale di un percorso e non ha nessuna efficacia su di noi se non siamo disposti a lasciarci cambiare. La preghiera non tenta di convincere Dio ma di convertire il nostro cuore...

Se, invece, diventa solo uno strumento superficiale e superstizioso per convincere Dio a fare la nostra volontà... siamo completamente fuori strada!

Diverse forme di preghiera

> **551. Che cos'è la Benedizione?**
> *La Benedizione è la risposta dell'uomo ai doni di Dio: noi benediciamo l'Onnipotente che per primo ci benedice e ci colma dei suoi doni.*

Abbiamo diversi modi per pregare. Il primo, e forse anche il principale, è quello della benedizione. Benedire è dire bene, dire-del-bene di Dio che abbiamo sperimentato essere un Padre premuroso.

Benedire significa individuare il lato luminoso delle cose, la parte positiva degli eventi, non dare nulla per scontato. Si riesce a benedire solo dopo avere fatto esperienza dell'opera di Dio per noi.

Così come Israele sperimenta di essere «perseguitato» dalla benevolenza di Dio, anche noi possiamo sperimentare che il Signore ci accompagna nella vita. Dio non ci risolve i problemi, né impedisce che la nostra vita incontri momenti di fatica e di difficoltà, ma se abbiamo conosciuto e creduto nel grande progetto d'amore che Dio ha su di noi, ci viene spontaneo parlare di lui e della sua opera e dirne del bene.

> **552. Come si può definire l'adorazione?**
> *L'adorazione è la prosternazione dell'uomo, che si riconosce creatura davanti al suo Creatore tre volte santo.*

Una altro modo di pregare è quello dell'adorazione.

La parola stessa, *adorare*, indica il gesto di portarsi la mano alla bocca, in segno di meraviglia e di stupore o per tacere, in segno di timore rispettoso davanti alla grandezza di chi abbiamo dinanzi.

Davanti alle opere di Dio siamo stupiti, davanti al mistero di un Dio che si fa uomo e si fa pane in mezzo a noi pieghiamo le ginocchia. Adorare è un gesto adulto e virile di umiltà, di chi riconosce il primato di Dio, di chi riconosce il suo ruolo e la sua immensa forza.

553. Quali sono le diverse forme della preghiera di domanda?
Può essere una domanda di perdono o anche una richiesta umile e fiduciosa per tutti i nostri bisogni sia spirituali che materiali. Ma la prima realtà da desiderare è l'avvento del Regno.

Al Dio che benediciamo e adoriamo rivolgiamo la nostra preghiera di domanda. E occorre chiedere come si chiede a un Padre che sa già di cosa abbiamo necessità, chiedere sapendo che Dio ci dona sempre ciò che desideriamo, anche se non è sempre ciò che chiediamo. Chiedere con insistenza e fiducia, sapendo che mai la preghiera del fedele è stata disattesa.

Possiamo chiedere perdono, in un atteggiamento di sincero pentimento, quando prendiamo consapevolezza del nostro peccato.

Possiamo chiedere aiuto per un soccorso, per un bisogno spirituale e materiale. Non sempre il Signore risponde come vorremmo e, soprattutto, Dio non ci tratta da incapaci, non ci lega i lacci delle scarpe come si fa con i bambini; ci sostiene nelle cose che possiamo fare, ci rende capaci e ci fa trovare delle soluzioni, ci aiuta ad affrontare i problemi e, quando questi ci paiono insormontabili e irrisolvibili, ci porta a capire che la nostra gioia non consiste necessariamente nel risolvere quel problema…

Quando si fa esperienza di Dio si chiede per sé e per i propri cari il bene prezioso della sua amicizia come prima cosa e il desiderio di assistere alla realizzazione del Regno che siamo chiamati a costruire giorno per giorno.

554. In cosa consiste l'intercessione?
L'intercessione consiste nel chiedere in favore di un altro. Essa ci conforma e ci unisce alla preghiera di Gesù, che intercede presso il Padre per tutti gli uomini, in particolare per i peccatori. L'intercessione deve estendersi anche ai nemici.

Diventare discepoli ci permette di imitare Gesù nella preghiera per gli altri. Chiedere per sé è una cosa buona, se chiediamo cose buone; chiedere per gli altri cose buone è ancora meglio: ci rende simili a Cristo.

Portare nella nostra preghiera quotidiana le persone che incontriamo, le loro attese, le loro sofferenze, è la novità della preghiera cristiana che giunge a farci pregare per i nemici, senza invocare la vendetta, ma la loro conversione e il loro pentimento, e ci rende degni figli di quel Padre che fa piovere sui giusti e sui malvagi.

555. Quando si rende a Dio l'azione di grazie?
La Chiesa rende grazie a Dio incessantemente, soprattutto celebrando l'Eucaristia, in cui Cristo la fa partecipare alla sua azione di grazie al Padre.
Ogni avvenimento diventa per il cristiano motivo d'azione di grazie.

Si benedice il nome di Dio per la sua presenza e la sua opera di misericordia ma si ringrazia anche per le cose concrete e puntuali che riceviamo.

Si ringrazia per la vita, per la salute, per gli affetti, ma anche per il lavoro e per il cibo. Il rendimento di grazie ci mette nel giusto atteggiamento nei confronti della vita e degli altri: nulla ci è dovuto, tutto è grazia. Perciò rendiamo grazie.

Quando, in obbedienza al comando del Maestro, la comunità si raduna per celebrare la Cena del Signore e renderlo presente, essa compie un'azione di grazie, ringrazia il Padre per la sua opera, e lo fa unendosi alla preghiera di Cristo.

La celebrazione prende il nome di «Eucaristia» che, in greco, significa «rendimento di grazie».

> **556. Che cos'è la preghiera di lode?**
> *La lode è la forma di preghiera che più immediatamente riconosce che Dio è Dio. È completamente disinteressata: canta Dio per se stesso e gli rende gloria perché egli è.*

Come l'innamorato esulta di gioia ed è travolto dalla positività del proprio sentimento, ci sono dei momenti preziosi e delle situazioni che ci avvicinano a Dio in un modo talmente inebriante e intenso da farci lodare Dio per la gioia di lodarlo. È una preghiera straordinaria, il vertice della preghiera, che a volte lo Spirito riserva al discepolo che si è affidato a Dio e che ha fatto esperienza della sua immensa misericordia.

Maria, la prima orante

> **546. Come pregava la Vergine Maria?**
> *La preghiera di Maria è caratterizzata dalla sua fede e dall'offerta generosa di tutto il suo essere a Dio. La Madre di Gesù è anche la Nuova Eva, la «Madre dei viventi»: essa prega Gesù, suo Figlio, per i bisogni degli uomini.*

Maria, la Madre di Gesù, ha un ruolo particolare all'interno del percorso cristiano.

Quando Dio, nella pienezza dei tempi, ha voluto diventare uomo per potersi far conoscere senza incertezze, ha avuto bisogno di una famiglia, di una madre che gli desse un corpo e, tra tutte, ha scelto la giovane adolescente di Nazaret, borgo sperduto ai confini dell'Impero.

Non ha voluto una donna dei nostri tempi o, perlomeno, la moglie di un cittadino influente di Roma, ma un'adolescente ebrea vissuta lontano dalla capitale, per manifestare la sua logica fin da subito.

L'annuncio dell'angelo ha raggiunto Maria in casa sua, non nel tempio, e ha visto confrontarsi due libertà: la vergine ha accolto l'annuncio, consapevole della sua portata, e ha messo la sua vita nelle mani di Dio, a sua completa disposizione.

«Ecco la serva del Signore»

Il «sì» di Maria permette a noi, oggi, di essere salvi per mezzo di Gesù.

Un «sì» che ha significato, per lei, un cambiamento radicale, un'obbedienza che si è consumata giorno per giorno. Insieme al suo amato sposo, Maria ha aiutato Dio a crescere, lo ha educato, consapevole di avere l'Immenso camminare per casa...

Con l'inizio della vita pubblica di Gesù, a partire da Cana, Maria si è fatta da parte, seguendo da lontano lo svolgersi della sua impegnativa missione. Informata delle difficoltà sempre maggiori incontrate dal figlio, ha voluto essere presente nello straziante momento della croce, irremovibile nella sua fede.

Radunata con la primitiva comunità in attesa della Pentecoste, la sposa dello Spirito ha condiviso la fede nella risurrezione con gli apostoli e i discepoli e, da subito, è stata preziosa presenza nella nascente Chiesa che l'ha riconosciuta prima tra i credenti.

Maria, preservata dal peccato originale, tutta orientata alla volontà di Dio, prima tra i risorti dopo il Figlio, accompagna discretamente ogni discepolo del Figlio e ancora continua a dirgli: «Fate quello che vi dirà».

Il suo «sì» alla volontà del Padre, «sì» che ha permesso all'umanità di conoscere Gesù e, attraverso di lui, il volto di Dio, è un modello affinché ogni discepolo esprima il suo «sì» all'azione di Dio nella propria vita.

> **547. Esiste nel Vangelo una preghiera di Maria?**
> *Oltre all'intercessione di Maria a Cana di Galilea, il Vangelo ci consegna il* Magnificat *(Lc 1,46-55), che è il cantico della Madre di Dio e quello della Chiesa, il grazie gioioso che sale dal cuore dei poveri perché la loro speranza è realizzata dal compimento delle promesse divine.*

Maria corre svelta tra le montagne di Samaria fino a Gerusalemme, per poi scendere da sua cugina Elisabetta.

Giuseppe, sposo fedele e mite, la accompagna, anch'egli stranito e pieno di silenzio. L'angelo, nel suo annuncio, ha parlato della inattesa e tardiva gravidanza di sua cugina Elisabetta. L'unica che può confermare quanto accade è proprio lei, l'anziana parente protagonista di un ennesimo miracolo. E così accade: le donne si incontrano, si abbracciano, danzano nella polvere del cortile di casa.

Elisabetta scuote la testa quando vede la piccola Maria: *come hai fatto a credere? Come hai potuto fidarti così tanto? Beata te che hai creduto!*

Allora è tutto vero, allora tutto è possibile: veramente Dio ha visitato il suo popolo. Danzano e piangono di gioia, le donne, celebrando e cantando ad alta voce le grandi opere che Dio ha compiuto per il suo popolo.

La preghiera di Maria, il *Magnificat*, è un inno di lode intessuto di citazioni dell'Antico Testamento, è la conferma dell'intervento del Signore in favore del popolo. Ora è finita l'attesa: davvero Dio è fedele, Dio interviene, Dio non dimentica e agisce.

Maria guarda alla sua storia: una piccola adolescente che abita in un povero paese fuori dalle rotte commerciali del tempo diventa il centro dell'attenzione di Dio.

Davvero il Signore rovescia i potenti dai troni e innalza gli umili!

La preghiera del *Magnificat* ci insegna a leggere la nostra storia e la grande Storia alla luce del progetto che Dio ha su di noi e su ogni uomo e a riconoscere il suo intervento fuori dalla logica di questo mondo che premia i forti e gli arroganti.

562. In che cosa la preghiera cristiana è mariana?
Per la sua singolare cooperazione all'azione dello Spirito Santo, la Chiesa ama pregare Maria e pregare con Maria, l'Orante perfetta, per magnificare e invocare il Signore con Lei. Maria, in effetti, ci «mostra la via» che è Suo Figlio, l'unico Mediatore.

Per la sua straordinaria esperienza di fede, Maria è diventata modello del discepolato. Lei per prima, anche cronologicamente, ha camminato alla sequela del Figlio. Perciò storicamente, la Chiesa ha sperimentato la vicinanza della Madre e ha preso a modello la sua vita.

I discepoli pregano con Maria, sapendo che continua a intercedere per ogni uomo presso il Figlio.

I discepoli pregano Maria per chiederle sostegno e consiglio nel percorso della vita interiore.

I discepoli imparano da Maria a fidarsi e a magnificare le grandi opere che Dio compie in lei e in chi si lascia amare.

La Chiesa adora solo Dio e nessun altro. La presenza di Maria non contraddice questo dato assoluto: attenzione a non far diventare la Madre una quasi-divinità! Maria ci indica la via, il suo Figlio, l'unico che ci conduce alla pienezza della conoscenza di Dio.

563. Come la Chiesa prega Maria?
*Anzitutto con l'*Ave Maria*, preghiera con cui la Chiesa chiede l'intercessione della Vergine. Altre preghiere mariane sono il* Rosario*, l'inno* Acatisto*, la* Paraclisis*, gli inni e i cantici delle diverse tradizioni cristiane.*

Molte sono le preghiere rivolte a Maria che la tradizione cristiana ci consegna, alcune di rara bellezza e di profonda e autentica devozione. Fra tutte spicca la più conosciuta, l'*Ave Maria*, composta da due parti. Nella prima ci uniamo al saluto dell'angelo riportato dal Vangelo di Luca, riconoscendo le grandi opere che il Signore ha compiuto in lei. Nella seconda parte, invece, chiediamo a Maria di pregare per noi negli unici due momenti certi della vita, il presente e quello della nostra morte.
Una preghiera semplice, ricca, che esprime molta tenerezza e fiducia.
Siamo certi che, il giorno della nostra morte, la Madre ci accoglierà per accompagnarci dal Signore Gesù.

Storicamente, per venire incontro all'esigenza del popolo di Dio, soprattutto quello più semplice, la preghiera dell'*Ave Maria* è stata organizzata in un percorso che, attraverso la ripetizione, ripercorre evangelicamente tutti i momenti salienti della vita di Cristo: è il *Rosario*.

LA VITA DI PREGHIERA

TEMPI E MODI

> **568. Quali sono le espressioni della vita di preghiera?**
> *La tradizione cristiana ha conservato tre modi per esprimere e vivere la preghiera: la preghiera vocale, la meditazione e la preghiera contemplativa. Il loro tratto comune è il raccoglimento del cuore.*

Normalmente il termine «preghiera» rimanda alla forma vocale: l'espressione della nostra fede, della lode o la richiesta di aiuto che facciamo attraverso delle formule consegnateci dalla tradizione cristiana.

Ma la preghiera assume diverse forme, come ben ci ricorda il *Compendio*.

La preghiera personale quotidiana è essenziale alla vita cristiana, ma nel ritmo frenetico dei nostri giorni è davvero impegnativo riuscire a ritagliarsi del tempo da dedicare al silenzio, anche solo per qualche minuto.

Sono molti i modi di pregare e ognuno sceglie la tipologia di preghiera che maggiormente lo aiuta, che lo pone nel cuore di Dio, che gli permette di scoprire, all'interno della propria vita, la presenza del Signore.

La preghiera nutre la nostra vita e la illumina come se, passeggiando per le strade della nostra città, aprissimo un tombino per scoprire che sotto i nostri piedi scorre l'oceano. La preghiera ci aiuta ad allargare l'orizzonte, a situare le nostre piccole e grandi vicende nel benevolo progetto di Dio.

Alcuni, nella Chiesa, sono chiamati a dedicare molto tempo alla preghiera, a una vita in cui la meditazione, il silenzio, lo studio diventano centrali. Sono i monaci e le monache che da sempre indicano al popolo cristiano il primato di Dio.

Altri sono chiamati a sostenere l'attività di evangelizzazione con un impegno quotidiano, la Liturgia delle Ore, che utilizza i salmi e le letture bibliche. Anche alcuni laici si uniscono a questo tipo di preghiera che scandisce i momenti della giornata. È bello sapere che mentre recito un salmo al mattino o prima di coricarmi qualcun altro sta pregando con le mie stesse parole a migliaia di chilometri! Ci fa sentire Chiesa.

Ma per i laici che vivono nel mondo è difficile poter recitare i salmi o partecipare all'Eucaristia feriale...

Ogni credente, però, è chiamato a ritagliarsi un momento di preghiera. È lo Spirito a consigliare i tempi e i modi.

Mi permetto di suggerire alcuni elementi essenziali a ogni tipo di preghiera.

La preghiera ha anzitutto bisogno di «me».

Del «me» autentico: davanti a Dio non posso mettermi una maschera, o fare il devoto, davanti a lui possiamo essere noi stessi fino in fondo, Dio non ci giudica.

Perciò posso pregare anche se non ne ho voglia o se sono arrabbiato con me stesso o con Dio. I salmi sono pieni di momenti di tensione e di lamentela verso Dio!

La preghiera ha bisogno di un tempo.

All'inizio bastano cinque minuti ogni giorno. Meglio scegliere il tempo migliore, quello in cui riusciamo a stare da soli, senza cellulari o confusione. Scegliamo il tempo, se ci è possibile, in cui siamo più in forma: al mattino se abbiamo la pressione alta e siamo mattinieri, la sera se siamo più attivi in quel momento, a metà giornata se in quel momento siamo già sufficientemente svegli e non ancora troppo stanchi...

La preghiera ha bisogno di un luogo.

È utile creare un angolo specifico in casa dove poterci mettere la Bibbia, un'icona, una candela, magari una nostra brutta foto di quando siamo arrabbiati: così possiamo affidare al Signore anche il bambino capriccioso che c'è in noi. Se non si riesce a pregare in casa possiamo inventarci dei luoghi inusuali, delle cappelle estemporanee: la macchina mentre si va in ufficio (diverse radio cattoliche trasmettono la Messa o, almeno, le letture del giorno), la metro, il triste giardinetto vicino all'ufficio in cui – novelli carbonari – ci isoliamo per dieci minuti dopo aver consumato il panino durante la pausa pranzo. Ogni luogo può divenire tempio!

Certo che non sarebbe male, specie nelle grandi città, trovare anche qualche chiesa aperta in centro dalle 7 alle 22!

La preghiera ha bisogno di una parola da dire.

Parole dette col cuore: per affidare la vita, per raccomandare le persone che incontriamo, per chiedere un aiuto, per dire tutto il nostro malumore, per cantare il grazie, per tacere, per prendersela con Dio.

Una parola vera, non la lista della spesa: una parola che venga dal profondo del cuore.

La preghiera ha bisogno di una Parola da ricevere.

Quella che Dio ci dona, prima o dopo le nostre parole.

Personalmente preferisco e suggerisco la Parola del giorno: ovunque troviamo dei messali tascabili, comodi da tenere nella borsetta o in tasca. Si trovano le letture che, in ogni parte del mondo, saranno lette durante la Messa di quel giorno. È bellissimo sentirsi in comunione con un cinese o un missionario in Africa, con un russo o con una suora di clausura!

Quella è «la» Parola che Dio ti dona in quel giorno. Forse non la capiremo subito, ma è quella che Dio ci dona e che, messa nel cuore, porterà frutto.

Possiamo concludere con un salmo, magari quello del giorno, o con il *Padre Nostro*, o affidarci alla Madre.

Pochi momenti che possono fecondare la nostra giornata.

Le espressioni della preghiera

569. Come si caratterizza la preghiera vocale?
La preghiera vocale associa il corpo alla preghiera interiore del cuore. Anche la più interiore delle preghiere non potrebbe fare a meno della preghiera vocale. In ogni caso essa deve sempre sgorgare da una fede personale. Con il Padre Nostro *Gesù ci ha insegnato una formula perfetta di preghiera vocale.*

Si sperimenta e si dice, si comunica, si canta.

La preghiera del cuore trova sfogo nella voce, esce per dare forma a ciò che portiamo in noi stessi. Possiamo usare alcune preghiere della tradizione cristiana o inventarle noi. La preghiera che ci ha insegnato Gesù è la preghiera vocale perfetta, equilibrata e profonda, che, se recitata col cuore, spalanca la nostra vita a prospettive infinite.

Che la preghiera vocale sia recitata con verità, pensando alle parole che stiamo pronunciando. È brutto vedere biascicare le preghiere o credere di essere ascoltati per le molte parole!

Se si prega comunitariamente è bene imparare a pregare tutti insieme, senza urlare, senza frettolosità o lungaggini, perché anche la preghiera diventi corale, fatta da un unico cuore, manifestando l'unità delle diverse persone che trovano, in Cristo, lo stesso ritmo per lodare Dio con un cuor solo e un'anima sola.

Quando celebriamo l'Eucaristia ci accorgiamo subito se chi prega pensa e crede alle parole che sta pronunciando! Il criterio è sempre quello della verità: le parole che pronunciamo illuminano e scaldano la nostra vita.

> **570. Che cos'è la meditazione?**
> *La meditazione è una riflessione orante, che parte soprattutto dalla Parola di Dio nella Bibbia. Mette in azione l'intelligenza, l'immaginazione, l'emozione, il desiderio, per approfondire la nostra fede, convertire il nostro cuore e fortificare la nostra volontà di seguire Cristo. È una tappa preliminare verso l'unione d'amore con il Signore.*

Il rischio di ridurre la preghiera alla sola espressione vocale e mnemonica, alla ripetizione di formule (che portano alla santità se vissute come consapevole atto d'amore!) è sempre presente.

Il rischio è quello di scivolare nel formalismo, nell'esteriorità, si pensa di essere credenti per le molte preghiere, per la velocità con cui si aggiungono le varie devozioni.

Sarebbe già bello tornare a vedere nelle nostre comunità un po' di equilibrio nelle devozioni! Da questo punto di vista la liturgia della Chiesa, l'unico autentico punto di riferimento, è equilibrata e senza sbavature, non aggiunge alla preghiera formule devozionali, non impone manifestazioni di fede estemporanee legate alle presunte rivelazioni del veggente di turno.

Ci sono persone semplici, magari anche illetterate, che vivono una splendida vita interiore nutrita da sole preghiere vocali, recitate con autenticità e devozione.

Ma per gli altri, i molti altri che hanno la fortuna di avere una cultura media, è bene ricordare che la preghiera vocale non è che un modo, una tappa (di partenza o di arrivo dipende da ciascuno!) per penetrare il mistero di Dio.

La meditazione della Parola di Dio

Da sempre la tradizione cristiana propone lo strumento della meditazione della Parola di Dio come percorso per una più piena consapevolezza della propria fede.

Certo, la lettura della Parola di Dio è impegnativa e, almeno per alcune sue parti, richiede un minimo di preparazione e conoscenza per essere avvicinata nel modo corretto. Ciò non toglie che molte pagine della Bibbia più semplici possono essere lette e meditate con profitto per la nostra vita.

Una lettura approfondita, magari accompagnata da una breve introduzione tecnica (è Parola di Dio che passa attraverso la parola degli uomini!) che metta a fuoco il significato di quello che stiamo leggendo, è il punto di partenza. Cosa sta dicendo quella Parola a chi la legge? Perché è stata scritta?

A partire dal testo possiamo poi chiederci: cosa sta dicendo questa Parola a me? Ci sono numerosi libri di spiritualità che possono aiutarci ad attualizzare la Parola, a farne una esegesi spirituale (cfr. *Dei Verbum*, 12), cioè una lettura nello Spirito Santo che l'ha ispirata.

Possiamo poi far diventare la meditazione una preghiera: se, ad esempio, leggendo l'invito alla fiducia fatto da Gesù nel Vangelo ci accorgiamo della nostra poca fiducia... allora possiamo chiedere al Signore di far crescere la nostra fede, e invocare lo Spirito che ci aiuti ad abbandonarci alla benevola volontà di Dio.

Infine la meditazione diventa azione: nella concretezza delle mie scelte provo ad applicare ciò che ho colto dalla lettura approfondita del testo biblico.

La meditazione della Parola di Dio ci aiuta a comprendere la Scrittura che, come una spada a doppio taglio, ci penetra in profondità. Possiamo anche dedicare un fine settimana a un corso di esercizi spirituali dove si medita la Parola di Dio accompagnati da un esperto di spiritualità che, oltre a offrirci una chiave di lettura di un testo, ci introduce al metodo della meditazione.

Chi medita con costanza la Parola di Dio ne prova grande beneficio e cammina speditamente nella vita interiore!

571. Che cos'è la preghiera contemplativa?
La preghiera contemplativa è un semplice sguardo su Dio nel silenzio e nell'amore. È un dono di Dio, un momento di fede pura, durante il quale l'orante cerca Cristo, si rimette alla volontà amorosa del Padre e raccoglie il suo essere sotto l'azione dello Spirito. Santa Teresa d'Avila la definisce un intimo rapporto di amicizia, «nel quale ci si intrattiene spesso da solo a solo con Dio da cui ci si sa amati».

Al discepolo che vive con passione il cammino della luce, che partecipa alla vita della comunità, che cerca di vivere con verità il messaggio evangelico, che medita la Parola con costanza, che feconda la propria giornata con la preghiera quotidiana, il Signore dona, a volte, di sperimentare la preghiera contemplativa. È la preghiera dei mistici, autentico dono dello Spirito, che consiste nello sperimentare la presenza di Dio in Cristo.

In un momento di adorazione eucaristica, durante una celebrazione, durante una veglia di preghiera, nella preghiera personale... ma anche in una passeggiata in montagna o in un intenso colloquio spirituale possiamo essere sfiorati dalla bellezza di Dio, dal mantello della sua gloria.

Allora non ci sono più parole, né preghiere da recitare, né meditazioni da compiere, ma la beatitudine della effettiva presenza di Dio.

Ciò avviene, come diceva sant'Agostino, *raptim*, fugacemente.

Che il Signore doni a ogni discepolo la gioia di sperimentare la preghiera contemplativa che incide nell'intimo e che forgia i santi!

LE DIFFICOLTÀ

PREGARE NON È FACILE

572. Perché la preghiera è un combattimento?
La preghiera è un dono della grazia, ma presuppone sempre una risposta decisa da parte nostra, perché colui che prega combatte contro se stesso, l'ambiente, e soprattutto contro il Tentatore, che fa di tutto per distoglierlo dalla preghiera. Il combattimento della preghiera è inseparabile dal progresso della vita spirituale. Si prega come si vive, perché si vive come si prega.

Proprio perché la preghiera ci è essenziale per la vita spirituale, proprio perché attraverso di essa riusciamo a stabilire un contatto profondo e intimo con Dio, ci è così difficile. Difficile perché deve combattere con la distrazione continua della nostra vita, con il fatto che, negli ultimi decenni, la qualità della vita è drasticamente peggiorata: pur vivendo meglio dal punto di vista alimentare e del benessere, il nostro tempo si è ridotto e il rumore e la fretta stanno avvelenando le nostre emozioni.

È più semplice coltivare la propria interiorità se si vive a contatto con la natura con un lavoro impegnativo ma con ritmi più consoni alla riflessione. Lo vediamo anche nelle relazioni interpersonali: spesso manca tempo per riflettere, per confrontarsi pacatamente, per stare insieme... non facendo nulla di particolare!

Ritagliarsi dei tempi per sé, per nutrire la propria anima, anche solo per accorgersi di averla, è diventata una vera impresa. Perciò è un combattimento trovare del tempo per la preghiera, un tempo che non sia un'ennesima aggiunta alle cose da fare, un ulteriore impegno da incastrare tra una riunione e l'altra.

Un'oscura realtà che distoglie dalla preghiera

Ma esiste un aspetto più profondo, che fa parte della lettura della realtà proposta dalla Scrittura. Dio è l'infinitamente buono, l'amabile e il misericordioso. Esiste, però, una realtà oscura, malvagia, che spinge il creato verso la distruzione: è il tentatore, il demonio, il diavolo.

Diavolo: colui che divide, colui che ci allontana da noi stessi e da Dio. La Rivelazione ci dice che il diavolo è un angelo decaduto che opera contro Dio e i suoi figli.

È faticoso, oggi, parlare con correttezza del demonio: da una parte una certa cultura ne ha fatto un eroe romantico, terribile e affascinante. I mezzi di comunicazione attingono alla nostra curiosità e si scatenano riguardo al demoniaco: film, inchieste, musica... ciò che è oscuro attrae, soprattutto i giovani e le anime fragili. Attenzione quindi a non commettere l'errore di parlare più del demonio che di Dio!

La tradizione biblica è molto equilibrata, a questo proposito: il diavolo c'è e agisce, non è orribile come lo dipingono, ma affascinante e seducente e sa proporre la tentazione come una soluzione ragionevole ai nostri dubbi. Gesù stesso si è confrontato con lui nel deserto e ha saputo respingerlo proprio grazie alla preghiera e alla meditazione della Parola di Dio. Ma, e questo è essenziale, il demonio è un avversario: in quanto tale si può combattere e sconfiggere!

Non dobbiamo pensare alle grandi tentazioni, quelle lasciamole ai santi...

Per noi la tentazione ha il volto della pigrizia, della distrazione, dell'obiezione all'utilità della preghiera. Poiché la preghiera e la meditazione possono cambiare in meglio la nostra vita, l'avversario farà l'impossibile per tenercene a debita distanza!

Per questo la preghiera è anche una fatica.

La fatica della fedeltà che esprime l'amore.

Così come una madre sente il peso della fatica nell'alzarsi ogni mattina per preparare i figli ad andare a scuola, ma lo fa per esprimere il suo amore per loro, dimenticando se stessa, allo stesso modo la nostra fedeltà alla preghiera, anche se affaticata e distratta, testimonia il nostro desiderio di compiere fino in fondo l'amorevole volontà di Dio...

La perseveranza nella preghiera, la fedeltà e la costanza ci aiutano a progredire nella vita interiore. Se la preghiera è autentica cambia la nostra vita, le nostre scelte, il nostro modo di affrontare le situazioni: scopriamo in noi stessi il pensiero di Cristo.

> **573. Ci sono obiezioni alla preghiera?**
> *Oltre a concezioni erronee, molti pensano di non avere il tempo di pregare o che sia inutile pregare. Coloro che pregano possono scoraggiarsi di fronte alle difficoltà e agli apparenti insuccessi. Per vincere questi ostacoli sono necessarie l'umiltà, la fiducia e la perseveranza.*

La preghiera personale vissuta con autenticità ci spinge alla conversione: le obiezioni alla preghiera nascono dalla consapevolezza che stiamo parlando di qualcosa di molto impegnativo e definitivo.

Come diceva scherzosamente sant'Agostino: *Signore convertimi, ma non oggi!*

Non abbiamo tempo di pregare: certo, se Dio è all'ultimo posto nei nostri pensieri non troveremo mai tempo, come ci si dimentica di telefonare a quel parente noioso e petulante! Ma se Dio è come l'innamorato che corteggio allora il tempo lo trovo miracolosamente! E anche se è poco, è un tempo qualitativamente intenso, che feconda la giornata.

A volte pensiamo che la preghiera sia inutile: certo, se preghiamo solo nel momento di necessità tempestando Dio di richieste e sperando che ci esaudisca, difficilmente sperimenteremo in essa un aspetto positivo. La preghiera non serve a convincere Dio a fare quello che vogliamo noi, ma a convertire il nostro cuore! La preghiera non è mai inutile, a volte non ottiene ciò che chiede, ma sempre ciò che desidera!

Ci vogliono tempo e tenacia per imparare a pregare, per trovare un metodo che ci aiuti veramente a entrare in sintonia con Dio. A volte bisogna fare i conti con momenti di fatica e di stanchezza, di aridità e di sconforto. Come tutte le cose importanti, pregare richiede costanza e impegno: abbiamo a che fare con Dio! Un cuore umile, cioè concreto e fecondo, sa aspettare lo Sposo anche se tarda...

Distrazione, aridità e pigrizia

574. Quali sono le difficoltà della preghiera?
La distrazione *è la difficoltà abituale della nostra preghiera. Essa distoglie dall'attenzione a Dio, e può anche rivelare ciò a cui siamo attaccati. Il nostro cuore allora deve tornare umilmente al Signore. La preghiera è spesso insidiata dall'*aridità, *il cui superamento permette nella fede di aderire al Signore anche senza una consolazione sensibile. L'*accidia *è una forma di pigrizia spirituale dovuta al rilassamento della vigilanza e alla mancata custodia del cuore.*

La principale difficoltà della preghiera resta la distrazione, soprattutto nella preghiera vocale ripetitiva. Addirittura durante l'Eucaristia possiamo inserire il pilota automatico e arrivare in fondo alla celebrazione senza avere ascoltato una sola delle parole che abbiamo pronunciato!

La distrazione è inevitabile: inutile illudersi.

Per spiegarla, un monaco mi raccontava di un signorotto che discuteva col suo mezzadro. Il primo sosteneva l'impossibilità della preghiera senza distrazione, il secondo affermava che fosse possibile pregare senza distrazione. Alla fine il signorotto sfidò il suo amico: *se sarai capace di recitare un solo* Padre Nostro *senza distrazione, ti regalo il mio cavallo*. Il contadino, stupito, accettò la sfida, chiuse gli occhi, giunse le mani e cominciò: *Padre Nostro, che sei nei cieli... ma mi dai anche la sella?*

Come fare a superare la distrazione?

Anzitutto occorre prepararsi alla preghiera, fare uno stacco anche solo di qualche minuto per metterci alla presenza di Dio, per entrare nel tempio interiore.

Se qualche evento ci distrae e compare continuamente alla nostra mente, ci svela cosa è veramente importante per noi. A quel punto è opportuno portare la distrazione nella preghiera: quella battuta che mi ha fatto star male cosa rivela? Perché me la sono presa così tanto? Chiedo al Signore di crescere nell'umiltà e nella pazienza e gli affido la persona che mi ha ferito...

Una difficoltà che sopraggiunge quando abbiamo un'intensa vita di preghiera è l'aridità. La preghiera non ci affascina più, il nostro cuore è pesante, non prova nessuna emozione, nessuna gioia, la Parola sembra non dire più nulla. E la sofferenza è tanto più intensa quanto, in passato, abbiamo gioito ed esultato meditandola!

La distrazione diventa costante e anche i pensieri malevoli, i dubbi rabbiosi si affacciano alla porta del cuore. Non solo siamo distratti, ma giudichiamo il vicino di banco per il suo atteggiamento, siamo insofferenti al sacerdote che celebra... L'aridità è un momento davvero faticoso che ci può allontanare dalla preghiera.

Molti santi, nel momento di massima vicinanza a Dio, sono piombati nell'aridità spirituale: san Francesco, san Filippo Neri, santa Teresa d'Avila (aridità spirituale da monaca di clausura, non oso immaginare nulla di peggio!).

Eppure proprio loro ci insegnano che l'aridità spirituale ci può essere di enorme beneficio: l'aspetto sensibile, emotivo, gratificante del nostro rapporto con Dio scompare e ci ritroviamo a credere per ciò che Dio è e non per ciò che dà!

Esiste un'ultima difficoltà: quella della pigrizia spirituale, dell'accidia, che colpisce i discepoli di lungo corso, i religiosi, i devoti. Abituati a pregare, adagiati sulle proprie convinzioni e sulla propria raggiunta pace interiore, si rischia di non avere più stimoli, di sentirsi sempre nel giusto, di mettere il proprio *ego spirituale* al centro della propria preghiera. In quel momento non è più il peccato a spaventarci, ci sentiamo sicuri nelle nostre scelte, non ci sono più grandi dubbi. E si muore spiritualmente...

La Scrittura è terribile: Dio preferisce il dubbioso al fintamente devoto, il tiepido lo vomita dalla sua bocca.

Chiediamo al Signore di essere sempre stimolati, di non adagiarci, di avere qualche amico che, anche con fermezza e durezza, ci richiami all'essenziale, al bene autentico.

IL PADRE NOSTRO

LA SINTESI DEL VANGELO

579. Qual è il posto del *Padre Nostro* nelle Scritture?
Il Padre Nostro *è la «sintesi di tutto il Vangelo» (Tertulliano), «la preghiera perfettissima» (san Tommaso d'Aquino). Situato al centro del Discorso della Montagna (Mt 5-7), riprende sotto forma di preghiera il contenuto essenziale del Vangelo.*

È la preghiera cristiana per eccellenza, l'unica insegnataci direttamente dal Maestro, il vertice della preghiera cristiana che non ha eguali, la sintesi del Vangelo, la preghiera essenziale, fondante, che nutre l'anima, che ci spalanca il mistero della vita divina. Nessun'altra preghiera, nella Chiesa, è così semplice e completa, così fondamentale, nessuna. Perciò dovrebbe essere al centro della nostra preghiera personale, perciò è sempre presente in ogni preghiera comunitaria.

581. Quale posto occupa il *Padre Nostro* nella preghiera della Chiesa?
Preghiera della Chiesa per eccellenza, il Padre Nostro *è «consegnato» nel Battesimo per manifestare la nuova nascita alla vita divina dei figli di Dio. L'Eucaristia ne rivela il senso pieno, poiché le sue domande, fondandosi sul mistero della salvezza già realizzato, saranno pienamente esaudite alla venuta del Signore. Il* Padre Nostro *è parte integrante della Liturgia delle Ore.*

Il *Padre Nostro* va recitato con attenzione e stupore, come accadeva nel passato ai catecumeni.

Chi si preparava a ricevere il Battesimo e a diventare discepolo iniziava un cammino di preparazione intenso e coinvolgente. Ma i catecumeni non conoscevano la preghiera del Signore, tenuta segreta. Era un crescendo di curiosità e di attesa, fino alla notte di Pasqua. Allora, dopo tre anni di cammino, usciti dalla vasca battesimale, divenuti uomini nuovi, il vescovo si avvicinava a ognuno e, all'orecchio, insegnava la preghiera che, da lì a poco, avrebbero recitato con la comunità durante l'Eucaristia cui partecipavano per la prima volta.

Quanta emozione devono avere provato a sentire, per la prima volta, la parola: *Padre*!

La Chiesa pone la preghiera del Signore nel cuore della celebrazione e, come bene annota il *Compendio*, la celebrazione della Cena del Signore illumina le sette richieste che facciamo durante la preghiera, richieste già esaudite e che riceveranno pienezza solo alla venuta del Signore.

Le sette richieste, tre riguardanti Dio, quattro riguardanti noi, sintetizzano ogni preghiera di domanda. Desideriamo che il nome di Dio sia riconosciuto «santo» da ogni uomo, che il Regno già inaugurato giunga a compimento, che la volontà benevola di Dio si compia nel mondo.

Chiediamo per noi il pane di ogni giorno, chiediamo di poter perdonare e di esser perdonati, di non cedere durante la tentazione e di liberarci dal Maligno.

Prima di analizzare ogni singola domanda cerchiamo di capire perché possiamo rivolgerci a Dio come Padre e in che senso Gesù ci rende figli nel Figlio.

«Padre Nostro che sei nei cieli»

> **582. Perché possiamo «osare avvicinarci in piena confidenza» al Padre?**
> *Perché Gesù, il nostro Redentore, ci introduce davanti al Volto del Padre, e il suo Spirito fa di noi dei figli. Possiamo così pregare il* Padre Nostro *con una fiducia semplice e filiale, una gioiosa sicurezza e un'umile audacia, con la certezza di essere amati ed esauditi.*

L'uomo cerca la verità, il senso della sua esistenza, e la fede, la religione, sono proprio la risposta a questa ricerca. Come hanno ben evidenziato coloro che studiano le diverse religioni nel mondo, la percezione dell'uomo rispetto al trascendente è sempre in tensione tra il fascino e la paura.

Anche nella Bibbia troviamo questa dicotomia: il Dio che si rivela è il totalmente altro, il Dio che non si può guardare in volto, il Dio creatore che sovrintende la Storia ma, nello stesso tempo, è anche il Dio che vede le sofferenze del popolo ridotto in schiavitù, che desidera salvarlo, che ama l'uomo come fa una madre con il figlio che solleva alla sua guancia...

Gesù ridefinisce questa intuizione: sì, Dio è misterioso, onnipotente, onnipresente, ma ha deciso, per amore, di rivelarsi agli uomini, di consegnarsi, di donarsi, di rendersi accessibile in Cristo.

Dio è misericordioso e pieno di compassione, a questa conclusione erano giunti alcuni profeti del popolo di Israele. Ma Gesù, con la preghiera del *Padre Nostro*, osa molto di più, va oltre.

Insegna ai discepoli che anche noi, in lui, siamo figli.

Figli adottivi, non servi, che sperimentano la familiarità con Dio.

Immaginiamo lo stupore degli apostoli nel sentir nominare Dio non con i titoli altisonanti della tradizione ebraica, ma con l'inusuale e mai applicato a Dio, *abbà*!

Abbà, papà, babbo.

Ma anche mamma, mammina.

Un vezzeggiativo confidenziale, quasi un balbettio che i bambini, in tutte le lingue del mondo, imparano a pronunciare, come primissime parole, ribattendo due sillabe. Gesù attinge alla nostra esperienza di figli per rappresentare il rapporto che possiamo avere con Dio, per superare la distanza che istintivamente poniamo tra noi e la divinità.

Gesù ci svela che Dio è padre e madre: un buon padre, una buona madre.

Dio non è padre e madre come lo sono stati i miei genitori: presenti ma anche fragili, attenti ma anche egoisti. Eventualmente i miei genitori, io padre, possiamo cercare di assomigliare a Dio.

Israele era abituato a non pronunciare mai il nome di Dio, a sostituirlo con il confidenziale *adonai* o il solenne *'eloim*. Ma il sacro tetragramma, quelle quattro dure consonanti consegnate a Mosè, erano impronunciabili.

Se scritte non potevano essere distrutte ma solo consumate;

nessuno mai poteva, leggendo, pronunciare ad alta voce quelle quattro lettere.

Ciò significava immenso rispetto, certo, ma anche distanza e timore.

Gesù, con una sola parola, polverizza questa distanza.

Se nella vita abbiamo amato o siamo amati, se desideriamo amare, allora sperimentiamo un brandello dell'Amore di Dio. Gesù sposta l'attenzione dalla teologia all'emozione, dal ragionamento all'esperienza diretta.

Così come siamo affascinati e attratti da una persona che amiamo, Dio ci ama.

Come un padre/madre che gioisce nel vedere il proprio figlio.

L'emozione che un genitore prova nell'abbracciare per la prima volta il proprio primogenito è la stessa che Dio prova quando ci vede.

Allora possiamo, per analogia, fare della nostra esperienza genitoriale un modello per avvicinarci a Dio.

Come figli, sottolineando i gesti di dedizione, di affetto, di attenzione che i nostri genitori hanno avuto e hanno nei nostri confronti e attribuendoli a Dio.

Come genitori, sperimentando la fatica dell'educazione e le dinamiche ad essa soggiacenti, pensando che Dio padre/madre per correggerci, per educarci, nell'assoluto rispetto della nostra libertà, si preoccupa di noi e ci assiste, come noi facciamo con i nostri figli.

È straordinario questo cambiamento: ora tutto è semplice, chiaro, comprensibile, Dio ci raggiunge attraverso il nostro linguaggio, quello della relazione e degli affetti.

Se abbiamo una bella famiglia, se vorremmo essere un buon padre e una buona madre, se, almeno una volta, ci siamo innamorati perdutamente, capiamo bene cosa significa affermare che Dio è padre, madre, sposo, sposa…

> **584. Perché diciamo Padre «Nostro»?**
> *«Nostro» esprime una relazione totalmente nuova con Dio. Quando preghiamo il Padre, lo adoriamo e lo glorifichiamo con il Figlio e lo Spirito. Siamo in Cristo il «suo» Popolo, e lui è il «nostro» Dio, da ora e per l'eternità. Diciamo, infatti, Padre «nostro», perché la Chiesa di Cristo è la comunione di una moltitudine di fratelli che hanno «un cuore solo e un'anima sola» (At 4,32).*

Dio è padre/madre, ma non è riservato a me.

Non è un Dio solo «mio», non sono un figlio unico viziato e coccolato, non sono il centro dell'Universo. Prezioso e amato, certo, ma non solo.

Gesù mi rivela, pregando, che ho dei fratelli e delle sorelle che, come me, fanno esperienza della tenerezza di Dio.

Ci spaventa la solitudine perché siamo fatti a immagine e somiglianza di Dio che è Trinità, cioè comunione compiuta. Ci è insopportabile la solitudine perché nega la nostra natura profonda, perché deforma la nostra identità.

Dio ci ha pensato in relazione, creandoci.

Ma, lo sappiamo bene, non è facile entrare in comunione. Quanta esperienza di solitudine facciamo nella nostra vita! Anche se abbiamo una famiglia, anche se intessiamo molte relazioni, a volte sperimentiamo la distanza che nemmeno i rapporti familiari riescono a colmare.

Non siamo soli! Ogni volta che preghiamo, nella fede, sentiamo vicina la presenza dei tanti che, come noi, cercano Dio e, in Gesù, ne fanno esperienza.

Perciò il rapporto con Dio è sempre un «noi», perciò Dio ci chiede di sperimentare la croce dell'essere e del diventare Chiesa.

Croce perché desideriamo entrare in comunione ma, spesso, non accettiamo il confronto, temiamo la diversità. Vorremmo una Chiesa fatta di persone che sono la nostra fotocopia, lo specchio del nostro *ego* spirituale.

La Chiesa, invece, è alterità, diversità, confronto, è come un corpo composto da molte membra ognuno con una funzione specifica per il bene dell'intero organismo. Uscire dalla solitudine significa rinunciare a mettere «sé» al centro, come metro di giudizio di ogni realtà.

Se la prima affermazione, *abbà*, ci stupisce per la sua novità, la seconda, *nostro*, ci inquieta perché ci obbliga a conversione.

Solo insieme possiamo fare esperienza della paternità/maternità di Dio!

L'esperienza della paternità di Dio mi apre a un nuovo modo di vedere le relazioni umane.

Le persone, spesso, si cercano ed entrano in contatto perché hanno interessi comuni. La Chiesa non è così: non è il *club* dei credenti, il gruppo di coloro che si interessano di cose spirituali.

La Chiesa è radunata da Dio, mette insieme le diversità, forgia la comunità armonizzando le spigolosità. Da questo punto di vista diventare Chiesa richiede una continua conversione. Non è la simpatia a radunarci ma la consapevolezza di essere figli dello stesso Padre!

Come non ci si sceglie, tra fratelli di sangue, così non ci si sceglie nella Chiesa, è Dio che ci ha scelti!

Giungiamo ad amare (con fatica) gli altri perché siamo figli dello stesso Padre.

È un amore teologico, il nostro, che scavalca le emozioni, che va oltre le sensazioni, che cerca appiglio e fondamento nell'essenziale.

Quel *nostro*, allora, fornisce una precisa indicazione: è possibile costruire un mondo diverso, è possibile costruire relazioni tra le persone, andando alla sorgente del nostro esistere che è Dio.

Dialogare, confrontarsi, ragionare, attingere alla stessa esperienza di vita è l'unica strada per costruire un mondo nuovo di cui la Chiesa diventa primizia e profezia.

Perché ci scopriamo figli.

586. Che cosa significa l'espressione «che sei nei cieli»?
Questa espressione biblica non indica un luogo, ma un modo di essere: Dio è al di là e al di sopra di tutto. Essa designa la maestà, la santità di Dio, e anche la sua presenza nel cuore dei giusti. Il cielo, o la Casa del Padre, costituisce la vera patria verso cui tendiamo nella speranza, mentre siamo ancora sulla terra. Noi viviamo già in essa «nascosti con Cristo in Dio» (Col 3,3).

Dio è papà. Dio è mamma.

Ma anche padre e madre, nel senso più autorevole del termine.

In questa prima affermazione Gesù ci introduce nell'identità profonda di Dio e svela anche la nostra identità.

La seconda affermazione definisce meglio l'identità di Dio: egli è il celato, il nascosto.

Che sei nei cieli, cioè che sei altrove e presente, che sei celato, che sei presente e assente, che sei già e non ancora.

Che possiamo conoscere e amare, e cercare e attendere.

Che sei l'inquieto e il pellegrino, il viandante e lo sconfitto.

Che pensiamo di possedere e che ci accorgiamo di non conoscere mai veramente.

Il «cielo», come ben ricorda il *Compendio*, non indica un luogo fisico, ma una delle caratteristiche di Dio, quella di essere al di sopra, altrove.

Perché non vediamo Dio? Perché non è evidente?

Perché, se fosse evidente, saremmo «costretti» a cedere alla sua bellezza, saremmo obbligati a credere. Dio si è nascosto per lasciare liberi i suoi figli.

L'amore non può che lasciare liberi, non costringe mai ad essere riamato!

L'assenza di Dio rivela il suo sentimento profondo: siamo talmente liberi da poterlo rifiutare!

Se Dio è ed è come ce lo rivela la Scrittura non può che essere nascosto.

E la nostra vita, allora, diventa una caccia al tesoro. Siamo ciò che cerchiamo, siamo dei cercatori di Dio.

I nostri fratelli ebrei osano ancora di più: nella tradizione di interpretazione della Scrittura una corrente di pensiero sostiene che Dio si è ritratto per permettere all'universo di esistere, sì è fatto da parte per lasciare «spazio» all'universo.

L'universo, perciò, è pieno dell'assenza di Dio.

Dio è presente e operante, ma con discrezione e misura.

Dio è timido e riservato, eppure presente ovunque: nelle opere della creazione, nell'amore che lega uomo e donna, nella gioia di un figlio, nell'ascolto di un amico.

La preghiera del Maestro ci indica un orizzonte: Dio Padre/ Madre abita l'altrove, la pienezza, ma ne possiamo fare esperienza, diventando discepoli.

Gesù ci svela che siamo figli di un papà segreto.

E che siamo anche cercatori. Tutta la nostra vita diventa ricerca.

Potremmo anche dire: *Padre Nostro che sei celato e che ci obblighi alla ricerca.*

Ma che pochi vogliono cercare.

LA SANTITÀ DI DIO

> **588. Che cosa significa: «Sia santificato il tuo nome»?**
> *Santificare il Nome di Dio è innanzitutto una lode che riconosce Dio come Santo. Infatti, Dio ha rivelato il suo santo Nome a Mosè e ha voluto che il suo popolo gli fosse consacrato come una nazione santa in cui egli dimora.*

Siamo dei figli, siamo dei cercatori.

Ma cosa siamo chiamati a scoprire? Di cosa siamo chiamati a fare esperienza? Della santità di Dio, ciò che lo contraddistingue, che lo identifica.

Ma, poiché siamo figli, poiché abbiamo interiorizzato quel «noi», la preghiera si allarga e diventa intercessione: che ogni uomo veda la tua santità, che ogni uomo faccia esperienza che sei il *kadosh*, il totalmente altro, il magnifico, lo splendore assoluto. Che ogni uomo veda la tua bellezza, come noi abbiamo visto la tua bellezza riflessa negli occhi del Nazareno, tuo Figlio benedetto venuto in terra a parlarci di te e a morire per amore.

Gesù ci richiama a ciò che è essenziale nel nostro percorso, nel nostro cammino; scoprire il progetto che Dio ha su ciascuno di noi. Possiamo diventare dei grandi scienziati o delle star del mondo dello spettacolo, oppure vivere una vita con poche opportunità, con pochi risultati, ai margini della società.

Poco importa: se non scopriamo di essere figli di un Padre/Madre che ci chiede di collaborare al suo straordinario progetto di salvezza, se non scopriamo che Dio è il Santo e noi viviamo alla sua luce, non riusciremo mai a realizzare pienamente la nostra vita.

Gesù ribalta la logica di questo mondo, pone la ricerca del senso al centro di ogni ricerca, di ogni percorso di vita. Le persone non si misurano dal loro guadagno o dalla notorietà ma dal riflesso della santità di Dio nella loro storia personale.

Siamo chiamati a scoprire il Dio di Gesù nel suo essere «santo». È l'aspetto della bellezza di Dio, della sua gloria, del suo splendore.

Il nostro mondo si è abbruttito, fatichiamo a vivere della bellezza, fatichiamo a trovare cose belle attorno a noi. Spesso si confonde il bello con il lussuoso, con l'eccentrico. La bellezza è riflesso dell'armonia divina e ciò che è sommamente bello è anche sommamente vero, buono e giusto.

Gesù ci invita a sperimentare la sorprendente bellezza di Dio.

E a pregare perché ogni uomo la sperimenti, superando l'idea meschina di Dio che molti hanno…

Il Regno presente e futuro

590. Che cosa domanda la Chiesa pregando: «Venga il tuo Regno»?
La Chiesa invoca la venuta finale del Regno di Dio attraverso il ritorno di Cristo nella gloria. Ma la Chiesa prega anche perché il Regno di Dio cresca fin da oggi mediante la santificazione degli uomini nello Spirito e, grazie al loro impegno, con il servizio della giustizia e della pace, secondo le Beatitudini. Questa domanda è il grido dello Spirito e della Sposa: «Vieni, Signore Gesù!» (Ap 22,20).

Il Regno di Dio, là dove Dio regna.

Gesù ci chiede di far venire il Regno del Padre, di renderlo presente, di anticiparlo. È uno sguardo rivolto alla pienezza dei tempi, è l'invocazione della sposa, la Chiesa, nei confronti dello Sposo, il Signore Gesù.

Questa invocazione, posta sulle nostre labbra, indica alla Chiesa che questo è il tempo di mezzo, tra la prima venuta di Cristo e il suo ritorno alla fine del tempo. In questo tempo siamo noi a rendere presente il Signore, a vivere la regalità di Cristo dove siamo, a fargli pubblicità.

Ciò che chiediamo al Padre, come figli e fratelli che hanno sperimentato la sua santità, è di aiutarci a rendere presente il Regno con la nostra vita, la nostra speranza, le nostre scelte, la nostra pazienza, il nostro perdono, affinché ogni uomo, vedendo la Chiesa, sperimenti la profezia di un mondo nuovo.

Il mondo è già salvo, ma non lo sa. Noi possiamo vivere da salvati, manifestare con la nostra vita la salvezza: questo chiediamo al Signore, aspettando il suo ritorno definitivo.

Il Regno è già in mezzo a noi e siamo chiamati, come discepoli, a cercare anzitutto le cose del Regno e il resto ci sarà dato in aggiunta.

Ogni volta che preghiamo la preghiera del Maestro siamo chiamati a interrogarci, a chiederci se le nostre comunità cristiane vivono il Regno, se lo anticipano e lo preparano.

Pregando chiediamo al Padre che le nostre comunità parrocchiali o di movimento o di gruppo diventino succursali del Regno, luoghi di accoglienza e di perdono, di misericordia e di salvezza, di giudizio benevolo e di compassione, di gioia cristiana e di trasparenza del Vangelo.

Ogni volta che, durante l'assemblea eucaristica, innalziamo la nostra preghiera di figli, stiamo facendo l'esame di coscienza alle nostre comunità, invochiamo il perdono per le nostre infedeltà, chiediamo la conversione del cuore per diventare trasparenza, non ostacolo...

Quando preghiamo con fede, il Signore realizza ciò che chiediamo. Ancora diciamo: venga il tuo Regno nella fatica di ciò che siamo, nella povertà del nostro essere, nel cuore di ogni cercatore di Dio, di ogni uomo che tu hai amato fino a donare il tuo sangue!

La volontà di Dio: il mio bene

> **591. Perché domandare: «Sia fatta la tua volontà come in cielo così in terra»?**
> *La volontà del Padre è che «tutti gli uomini siano salvati» (1Tm 2,3). Per questo Gesù è venuto: per compiere perfettamente la Volontà salvifica del Padre. Noi preghiamo Dio Padre di unire la nostra volontà a quella del Figlio suo, sull'esempio di Maria Santissima e dei Santi. Domandiamo che il suo disegno benevolo si realizzi pienamente sulla terra come già nel cielo. È mediante la preghiera che possiamo «discernere la volontà di Dio» (Rm 12,2) e ottenere la «costanza per compierla» (Eb 10,36).*

Quanta incomprensione nei confronti della volontà di Dio!

Spesso, tra i cristiani, dire «sia fatta la volontà di Dio» significa «chissà quale terribile catastrofe sta per piombare sulla mia vita, chissà quale prova dovrò sopportare per testimoniare la mia fede!».

Non è mai così! Nella Bibbia l'affermazione «sia fatta la volontà di Dio» significa: «che Dio faccia in me il bene che ha previsto e che io non lo ostacoli!».

La volontà di Dio non è mai di dolore, non è mai di sofferenza, non è mai di punizione, non è mai di abbandono, non è mai strana o incomprensibile!

La volontà di Dio è un bene che lascia liberi, un bene che costruisce, un bene che ristora e ritempra, incoraggia e mette le ali.

Il *Compendio* ci ricorda che la volontà del Padre è che ogni uomo sia salvo, cioè felice compiutamente. Visto che la felicità è anche il nostro desiderio, ma che solo Dio sa bene in cosa consiste il nostro bene, ci fidiamo di lui e gli chiediamo di compiere in noi la sua volontà!

Ci vuole tutta la vita per imparare a vivere, a diventare uomini e donne discepoli del Regno, per convertirsi. Allora chiediamo: tu, Padre, donaci di capire la tua volontà e il coraggio per attuarla.

Fa' che diventiamo capaci di conoscere questa volontà e di lasciarla germogliare, lasciarla fiorire nei nostri deserti, lasciarla crescere nelle nostre vite.

«Come in cielo così in terra»

Come è nel mondo «altro», il mondo delle realtà invisibili su cui noi fissiamo lo sguardo (2Cor 4,18), così sia anche in mezzo a noi.

Il mondo non è solo ciò che passa sotto i nostri sensi: è splendidamente di più, immensamente più grande e più bello, più forte e più gioioso. Un mondo fatto di mistero e di luce di cui appena avvertiamo traccia.

Esiste una dimensione invisibile ai nostri occhi sensibili, un mondo «celato» fatto di angeli e di anime, di danza e di bellezza, di armonia e di pace.

Il mondo in cui Dio regna in pienezza: chiediamo al Padre di aiutarci a rendere il nostro mondo simile a questo mondo invisibile, nascosto. Così che la volontà salvifica di Dio si possa realizzare anche tra noi senza ostacoli, così come nel mondo «celato» già si realizza.

Chiedere al Padre di aiutarci a costruire questo mondo nascosto significa prenderlo come modello, non arrenderci all'evidenza sensibile, avere il coraggio di sperare e di sognare al di là del visibile, guardare con sguardo puro e luminoso gli eventi, capire che la nostra vita non si misura dal successo o dall'insuccesso che abbiamo sperimentato ma dalla nostra capacità di amare.

Troppe volte lo sguardo verso l'altrove ha inconsapevolmente spinto i cristiani a disinteressarsi di questo mondo, come se le lotte, le ingiustizie, la malvagità di questo mondo fossero inevitabili.

Come a dire: visto che questo mondo non si riesce a cambiare, tanto vale aspettare il prossimo!

È scorretto questo atteggiamento: invocare come modello il mondo «celato», quello in cui si realizza pienamente la volontà divina, significa per noi mettere al centro della nostra azione pastorale l'uomo nuovo, il modello che la Chiesa dovrebbe rappresentare nel mondo concreto in cui vive.

Il cristiano, pur essendo nel mondo, vive in riferimento al mondo «altro» e ne anticipa nell'«oggi» il destino.

Perciò l'atteggiamento corretto del discepolo che invoca il Regno e lo prende come modello è quello di chi si rimbocca le maniche, di chi cambia la miseria attuale per amore di Cristo che vede riflesso nel povero, di chi ama questo mondo amato da Dio e cerca di trasfigurarlo.

Il pane di ogni giorno

> **592. Qual è il senso della domanda: «Dacci oggi il nostro pane quotidiano»?**
> *Chiedendo a Dio, con l'abbandono fiducioso dei figli, il nutrimento quotidiano necessario a tutti per la propria sussistenza, riconosciamo quanto Dio nostro Padre sia buono al di là di ogni bontà. Domandiamo anche la grazia di saper agire perché la giustizia e la condivisione permettano all'abbondanza degli uni di sopperire ai bisogni degli altri.*

La prima parte della preghiera che ci ha consegnato il Maestro si rivolge a Dio che sperimentiamo come Padre; gli abbiamo chiesto di santificare il suo nome e di rendere presente il suo Regno anticipando la logica «celata» sulla nostra terra.

La seconda parte della preghiera abbassa lo sguardo sulla vita quotidiana, su cosa ci è indispensabile per la vita. E le sorprese sono davvero tante!

La prima cosa che chiediamo al Padre è il pane. Il discepolo non vive con la testa tra le nuvole, non scorda la fatica del lavoro e le preoccupazioni della quotidianità, ma le orienta a Dio, cerca il Regno, come prima cosa, sapendo che tutto il resto gli viene dato in aggiunta.

Chiedendo il pane ci impegniamo a guadagnarlo, a lavorare, a condividerlo. E a farlo giorno per giorno, così come il popolo di Israele nel deserto poteva raccogliere solo la manna necessaria alla giornata.

Senza accumulare, senza bramosia, senza entrare nella logica distruttiva del possesso, sapendo che il pane che mangiamo ci è necessario giorno per giorno, per ricordare al discepolo che la ricchezza non è negativa in sé, ma che inganna, promettendo ciò che non può mantenere.

Chiedendo il pane chiediamo tutto ciò che ci è necessario per vivere dignitosamente la nostra vita: il pane, il lavoro, una casa... ma anche il rispetto, l'affetto, la gioia delle cose semplici.

Il discepolo sperimenta che tutto è dono, che tutto è grazia, che tutto, in ultima istanza, proviene da Dio e a Dio chiede aiuto.

Non per restare inattivo e aspettare un'elemosina! Sapendo che Dio chiede all'uomo di coltivare il giardino dell'Eden, di accudirlo.

Chiedere il pane significa anche accettare di condividerlo con chi non ne ha, per chi non lo chiede. Diventare pane spezzato, come Gesù si è fatto spezzato.

Chiedere il pane quotidiano significa chiedere anche quel pane che è la presenza stessa di Dio senza cui non possiamo esistere.

Chiedere il pane significa impegnarsi per ottenerlo anche per gli altri, nella logica dell'anticipazione del Regno. Come se dicessimo: donaci l'onestà di non nasconderci dietro a un dito, di combattere per ottenere un mondo più giusto, come tu l'hai sognato.

Il perdono

594. Perché diciamo: «Rimetti a noi i nostri debiti come noi li rimettiamo ai nostri debitori»?
Chiedendo a Dio Padre di perdonarci, ci riconosciamo peccatori dinanzi a lui. Ma confessiamo al tempo stesso la sua misericordia, perché, nel Figlio suo e attraverso i Sacramenti, «riceviamo la redenzione, la remissione dei peccati» (Col 1,14). La nostra domanda, tuttavia, verrà esaudita solo a condizione che noi, prima, abbiamo a nostra volta perdonato.

Poche sono le cose che ci sono veramente necessarie.
La prima è il pane, la seconda è il perdono.
Non possiamo vivere senza perdono, senza la pace del cuore,

senza sentirci pacificati e in armonia con Dio, con gli altri, con noi stessi. Il perdono ci è necessario come il pane.

Si parla poco e male del perdono, come se il peccato non esistesse più, abolito per decreto legge, come se fosse un'invenzione dei preti, come se fossimo noi uomini a stabilire cosa è peccato e cosa no.

Nei precedenti commenti al *Compendio* abbiamo ampiamente parlato del peccato, che nella Bibbia è male perché ci fa del male, non perché così ha deciso Dio, ma vale la pena richiamare alcune caratteristiche del perdono cristiano.

Il perdono è un elemento cardine della vita cristiana, sin dai tempi della primitiva comunità cristiana.

Il perdono si manifesta in vari modi: è ricevuto dal Signore: dopo avere sperimentato il nostro errore e chiesto aiuto a Dio, è un perdono che Gesù stesso dona ai suoi discepoli e che affida alla sua Chiesa.

I discepoli, se lo desiderano, possono chiedere perdono a Dio all'interno della comunità, in modi e gradi diversi.

Nella storia, il perdono come sacramento ha avuto diverse forme, ma sempre ha evidenziato il doppio aspetto della richiesta di perdono a Dio e alla comunità offesa dal nostro comportamento, e la possibilità di porre gesti concreti di rinascita.

Ancora oggi, la dimensione penitenziale, del riconoscere la nostra fragilità e affidarla a Dio, è presente nella vita della Chiesa: quando ci raduniamo per celebrare l'Eucaristia, nei momenti liturgici forti, in particolare la Quaresima; nelle celebrazioni penitenziali e nel sacramento personale della Riconciliazione.

Ed è presente nella preghiera dei figli come elemento essenziale per la vita interiore: Gesù la pone come richiesta al Padre, come elemento essenziale.

Ma il perdono cristiano va bene inteso.

Non si perdona mai perché si è migliori; non si perdona mai perché l'altro cambi in conseguenza al perdono.

Perdoniamo solo perché noi per primi siamo stati perdonati da Cristo, perché la sproporzione tra quanto a noi perdonato e quanto dobbiamo perdonare a chi ci ha fatto del male è enorme.

Non siamo più buoni se abbiamo perdonato, né offesi se l'altro non sa che farsene del nostro perdono.

E il perdono non è un'amnesia: come posso «dimenticare» il torto che ha rovinato la mia vita? Il perdono è una scelta sofferta e basata sulla volontà, non sull'emozione.

Viviamo un perdono incarnato, proporzionato: alla persona che mi ha violentemente ferito, il mio perdono sarà proporzionato alla condizione in cui sono. Proporzionato non significa «vincolato». In certe situazioni, sarà già un grande perdono non augurare il male a chi ci ha brutalmente ferito.

Perdono significa prendere coscienza dei nostri limiti e, perciò, accettare quelli degli altri.

Perdonare significa mettersi nell'ottica di Dio, raggiungere la pace del cuore. Il perdono è necessario a me, non all'altro che, a volte, non sa neppure di essere stato perdonato...

La Chiesa non è il popolo dei perfetti, dei coerenti a tutti i costi, degli immacolati, ma dei perdonati.

La Chiesa dei perfetti non è quella di Cristo.

La Chiesa è un popolo di perdonati che sanno perdonare. Non siamo migliori, ma il nostro debito verso Dio è stato annullato, perciò possiamo perdonare con generosità. Il Signore ci chiama a renderci conto della misura infinita con la quale abbiamo ricevuto, con la quale siamo stati perdonati, cambiati, sconvolti.

È la richiesta più articolata e lunga di tutta la preghiera: chiediamo perdono, sì, ma vincolandolo al nostro modo di perdonare.

Quel *come noi* ci inchioda alle nostre responsabilità, ci interroga sulla nostra bontà e generosità: chiediamo a Dio di guardarci come noi guardiamo agli altri.

E chiediamo: rendici persone capaci di perdonare, senza aspettare il perdono perfetto, senza aspettare che l'altro cambi, senza sentirci migliori o «a posto», senza per forza dimenticare il torto subito, perché il perdono è una scelta, non un'amnesia.

Noi perdoniamo perché siamo perdonati nel profondo.

Non giusti. Perdonati.

La Chiesa è il popolo di coloro che hanno incontrato la compassione, non il popolo che ostenta la propria diversità. Un popolo di figli, non di primi della classe.

Diventassimo testimoni del perdono ricevuto e donato!

In questo mondo aggressivo, in cui il perdono viene confuso col buonismo, in cui ognuno si fa dio di se stesso e si assolve, in cui si decide cosa è peccato attraverso un sondaggio, la preghiera del Signore allarga gli orizzonti e ci libera.

Usciamo dal tragico moralismo che attanaglia la nostra società, molto tollerante con le proprie mancanze, sempre pronta a trovare delle attenuanti per sé, ma severa e intransigente con i peccati degli altri.

Il Padre Buono che fa piovere sui giusti e sui malvagi ci pone in un'ottica radicalmente diversa, in cui il metro di giudizio delle persone non è la loro presunta coerenza assoluta, ma la capacità di riconoscersi bisognosi di perdono per poter perdonare gli altri…

Nella tentazione non siamo soli

> **596. Che cosa significa: «Non ci indurre in tentazione»?**
> *Noi domandiamo a Dio Padre di non lasciarci soli e in balia della tentazione. Domandiamo allo Spirito di saper discernere, da una parte, fra la prova che fa crescere nel bene e la* tentazione *che conduce al peccato e alla morte, e, dall'altra, fra* essere tentati *e* consentire *alla tentazione. Questa domanda ci unisce a Gesù che ha vinto la tentazione con la sua preghiera. Essa sollecita la grazia della vigilanza e della perseveranza finale.*

Questa ormai classica e affermata traduzione può indurre all'errata comprensione della presente richiesta.

Dio non induce mai in tentazione! Ecco perché la nuova versione ufficiale della Bibbia della Conferenza episcopale italiana traduce: «e non abbandonarci alla tentazione» (Mt 6,13).

La vita, gli affetti, gli altri, noi stessi, il Maligno ci inducono in tentazione, certamente non Dio.

Chiediamo al Padre di non abbandonarci nella tentazione, di non lasciarci soli nella decisione, nel discernimento.

Ci è necessario il pane, ci è necessario il perdono e ci è necessario l'aiuto di Dio per esercitare al meglio la nostra libertà.

Siamo straordinariamente e tragicamente liberi perché amati, come abbiamo ripetuto più volte. Proprio perché consapevoli della fatica a capire, a discernere, chiediamo al Padre di aiutarci.

Aiutarci a capire cosa è bene e cosa è male, aiutarci a capire cosa ci porta alla vita e cosa ci conduce alla morte, anzitutto.

La tentazione è ambigua: il male, per farsi accettare, si traveste sempre da bene: nessuno di noi berrebbe a una bottiglia la cui etichetta indica chiaramente la presenza di veleno!

Non solo: a volte la tentazione ci arriva dagli eventi della vita, non dalla scelta fra bene o male. Quando siamo travolti dal dolore, dalla malattia, rischiamo di perdere la fede, di sprofondare nella disperazione, di lasciare che siano le tenebre a parlare al nostro cuore fragile.

E preghiamo: quando il male è alle porte, il male che è la malattia, il male che è la tenebra dell'inconscio, il male che è la conseguenza delle nostre scelte sbagliate, Signore, non ci abbandonare, non ci lasciare.

È straordinario il fatto che sia proprio Gesù a chiederci di pregare in questo modo! Al discepolo la sofferenza e la tentazione non vengono risparmiate come non sono state risparmiate a Gesù stesso.

In questi momenti preghiamo con maggiore intensità, come fa Gesù nell'orto degli ulivi, per chiedere aiuto, per chiedergli di non cedere, come ha saputo splendidamente fare lui.

In quel «Non ci indurre in tentazione» c'è tanta fede, tanta speranza, tanta fiducia.

E se siamo caduti nel peccato diciamo al Padre: non lasciare che ci disperiamo, che ci crediamo imperdonabili, come fece l'apostolo Giuda pensando di essere perduto.

Quando la tenebra ci attanaglia, forzaci la mano, mandaci un segno o dieci o cento, dacci uno schiaffo, un gallo che canti, manda l'angelo custode a farci inciampare per cadere non nella disperazione, ma tra le tue braccia!

IL MALIGNO E LE SUE OPERE

597. Perché concludiamo domandando: «Ma liberaci dal Male»?
Il Male indica la persona di Satana, che si oppone a Dio e che è «il seduttore di tutta la terra» (Ap 12,9). La vittoria sul diavolo è già conseguita da Cristo. Ma noi preghiamo affinché la famiglia umana sia liberata da Satana e dalle sue opere. Domandiamo anche il dono prezioso della pace e la grazia dell'attesa perseverante della venuta di Cristo, che ci libererà definitivamente dal Maligno.

Esiste il Maligno, come abbiamo già visto. E lavora per tenerci lontani da Dio.

La fede ci rassicura: la guerra tra luce e tenebra è già vinta dal Cristo risorto dai morti. Quelle che vediamo sono le ultime scaramucce di un Maligno sconfitto e indebolito.

Questa certezza ci accompagna anche quando vediamo le opere del Male, la miseria, la violenza, la guerra, l'ingiustizia che sembrano prevalere.

Ci sono necessari il pane, il perdono, l'aiuto di Dio nella tentazione. E il dono della libertà.

Il discepolo fa esperienza del Maligno nella quotidianità.

Non c'è bisogno di tirare in ballo gli indemoniati, lasciamo le tentazioni ai santi! Ma sperimentiamo anche di essere fragili rispetto alla tentazione: e se avesse ragione chi vive nell'egoismo? Chi usa la violenza e la sopraffazione? Chi fa della propria vita una follia narcisista ed edonista?

Perciò chiediamo al Padre: *liberaci dal Maligno*.

Da ogni male, da tutto ciò che ci fa del male.

Il male è l'ombra della luce, l'altra faccia della nostra dignità, la possibilità di sbagliare.

Liberaci dal male significa accettare che la realtà del peccato dimora nella nostra vita ma non la possiede, la blandisce e la ferisce ma non la uccide, perché noi apparteniamo al Signore.

In Cristo siamo uomini nuovi, siamo liberi dall'ombra per amare come egli ci ha insegnato. In questo tempo di mezzo, in cui già sperimentiamo il Regno ma anche le nostre contraddizioni, chiediamo al Padre di renderci persone libere, che non temono la tenebra, che vivono, per quanto possibile, nella dignità dello scoprirsi figli!

INDICE

Finito di stampare nel mese di ottobre 2012
presso PuntoWeb srl, Ariccia - Roma
Printed in Italy